SE 07

# Policía Local del Ayuntamiento de Sevilla

Octubre, 2024

# Policía Local del Ayuntamiento de Sevilla

**Pruebas físicas**

## DAVID SOTELINO LÓPEZ

Licenciado en Ciencias de la Actividad Física y el Deporte
Máster en Capacitación Aptitud Pedagógica (CAP)
Profesor de Universidad del Grado de Ciencias de la Actividad Física y del Deporte
Profesor de Universidad en los grados de Educación Infantil y Educación Primaria
Entrenador Nacional Musculación, Fisicoculturismo y Halterofilia
Personal Trainer
Entrenador Nacional de Musculación, Fisicoculturismo y Halterofilia, Natación, Remo,
Baloncesto, Rugby y Piragüismo
Preparador físico de opositores a Fuerzas y Cuerpos de Seguridad del Estado
Socorrista acuático y experto en Primeros Auxilios, con dominio de RCP y desfibrilador
Quiromasajista Terapéutico y Deportivo

davidentrenadorpersonal@hotmail.es
www.davidsotelino.com
facebook.com/davidsotelinoentrenadorpersonal
twitter.com/@dsotelinopt
youtube: david sotelino entrenador personal
instagram.com/davidsote_entrenadorpersonal/

© 7 Editores Recursos para la Cualificación Profesional y el Empleo, S.L. (7 Editores)
© El autor
Cuarta edición, octubre 2024 (250 páginas)
Derechos de edición reservados a favor de 7 Editores
IMPRESO EN ESPAÑA
Diseño Portada: 7 Editores
Edita: 7 Editores
Avda. San Francisco Javier, 9 · Edificio Sevilla 2 · Planta 11 · Módulos 25-27 · 41018 Sevilla
Teléfono: 954 784 411 · WEB: www.mad.es · e-mail: administracion@7editores.com
ISBN: 978-84-142-8877-1
© "Editorial Mad" y "Eduforma" son nombres comerciales registrados de
7 Editores Recursos para la Cualificación Profesional y el Empleo, S.L.

Dedicado a mis hijas, Noa y Zoe, que ya desde pequeñas empiezan a disfrutar del deporte como yo.

A mis alumnos de las diversas academias en las que he trabajado, así como a todas las personas a las que he preparado y preparo de forma individual en mi labor actual de Entrenador Personal, tanto a distancia como presencial. En especial, a Chus, alias "Capulla", por su participación en los vídeos y fotos de las pruebas físicas. También citar a Jorge, Alba, Gutier, Yésica e Isabel.

Y por supuesto, a mis padres, por darme la oportunidad de estudiar la carrera universitaria que quería, Educación Física, lo que me permitió tener el actual currículum a nivel formativo y profesional. No puedo olvidar a mi hermano Samuel, gracias por tu ayuda en tantos momentos de mi vida.

# Presentación

Este libro está dirigido a la preparación de las pruebas físicas para el acceso al Cuerpo de Policía Local del Ayuntamiento de Sevilla, según las bases de la convocatoria publicadas en el Boletín Oficial de la Provincia de Sevilla núm. 172, de 4 de septiembre de 2024 (BOE núm. 238, de 2 de octubre de 2024).

Mediante la realización de un test físico inicial, el aspirante podrá conocer su estado físico actual, identificar su situación de partida y planificar su entrenamiento para la superación de las cinco pruebas físicas.

En el libro se incluyen, además, distintos programas de entrenamiento en función del tiempo disponible, pautas para entrenar cada prueba, orientaciones nutricionales para optimizar el rendimiento y asegurar el éxito y consejos para los días previos a las pruebas.

Esperamos que este material cumpla con su cometido y te ayude a conseguir tu objetivo.

# Índice

# CAPÍTULO 1

## Descripción de las pruebas físicas del proceso selectivo

# 1. Introducción

En las bases de la convocatoria, se especifica en qué consiste el ejercicio de aptitud física:

*"Segundo ejercicio: De aptitud física. Para la realización de las pruebas de aptitud física, los/as aspirantes deberán entregar al Tribunal Calificador, un certificado médico oficial en el que se haga constar que el/la aspirante reúne las condiciones físicas precisas para realizar las pruebas deportivas.*

*Dicho certificado médico, que quedará en poder del Tribunal Calificador, solamente será válido si no han transcurrido tres meses desde la fecha de su expedición.*

*Si alguna de las aspirantes en las fechas de celebración de las pruebas físicas se encontrara en estado de embarazo, parto o puerperio, debidamente acreditado, realizará el resto de pruebas, quedando la calificación, en caso de que superase todas las demás, condicionada a la superación de las pruebas de aptitud física, en las fechas que el Tribunal determine al efecto, una vez desaparecidas las causas que motivaron el aplazamiento. Dicho aplazamiento no podrá superar los seis meses de duración, desde el comienzo de las pruebas selectivas, salvo que se acredite con certificación médica que persisten las causas, en cuyo caso se podrá aplazar otros seis meses.*

*Cuando el número de plazas convocadas sea superior al de aspirantes que se pueden acoger al anterior derecho, el aplazamiento no afectará al desarrollo del proceso selectivo de las restantes plazas. En todo caso, se entiende que han superado el proceso selectivo aquellos/as aspirantes cuya puntuación final no puede ser alcanzada por las aspirantes con aplazamiento aunque éstas superen las pruebas físicas.*

*Si algún aspirante, el día que le corresponda realizar las pruebas físicas, aportase ante el Tribunal certificado médico por enfermedad o lesión que acredite la imposibilidad de realizar las pruebas, se le aplazará la ejecución de las mismas al último día en que se realicen éstas, quedando eliminado caso de no poder efectuarlas.*

*Las pruebas de resistencia general y natación podrán hacerse de forma colectiva si así lo considera el Tribunal.*

*Las pruebas de aptitud física se realizarán por el orden en que están relacionadas y cada una es eliminatoria para realizar la siguiente".*

# 2. Descripción de las pruebas de aptitud física

## 2.1. Prueba de velocidad: Carrera de 50 metros lisos

El/la aspirante se colocará en la pista en el lugar señalado, pudiendo realizar la salida de pie o agachado/a, sin utilizar tacos de salida.

Dispone de dos intentos.

## 2.2. Prueba de potencia de tren superior: Flexiones de brazos en suspensión pura o lanzamiento de balón medicinal

### A) Flexiones de brazos en suspensión pura (hombres)

Se iniciará desde la posición de suspensión pura, agarrando la barra con las palmas de las manos desnudas, al frente y con los brazos totalmente extendidos.

La flexión completa se realizará de manera que la barbilla asome por encima de la barra. Antes de iniciar otra nueva flexión será necesario extender totalmente los brazos. No se permite el balanceo del cuerpo o la ayuda con movimientos de las piernas.

Se contarán solamente las flexiones completas y realizadas correctamente.

### B) Lanzamiento de balón medicinal de 3 kg (mujeres)

Se marcará una línea en el suelo, que será paralela a la zona de lanzamiento. La aspirante se colocará frente a ésta sin pisarla, con los pies separados, paralelos entre sí y a la misma altura.

El balón se sostendrá con ambas manos, por encima y detrás de la cabeza, y se lanzará desde esta posición para que caiga dentro del sector de lanzamiento previsto.

No se levantarán en su totalidad los pies del suelo y no se tocará con ninguna parte del cuerpo el suelo por delante de la línea de lanzamiento.

Dispone de dos intentos.

## 2.3. Prueba de flexibilidad: Test de flexibilidad profunda

El/la aspirante se colocará de pie sobre el aparato apropiado sin calzado y con los pies colocados en los lugares correspondientes.

Entre los bordes exteriores de los pies habrá una separación de 75 centímetros.

En el centro de una línea que una los bordes posteriores de los talones de los pies, se colocará el cero de una regla de 50 centímetros, y un cursor o testigo que se desplace sobre la regla perpendicularmente a la línea anterior y en sentido opuesto a la dirección de los pies.

Se flexionará el cuerpo llevando los brazos hacia atrás y entre las piernas, hasta tocar y empujar el cursor o testigo de la regla, sin impulso.

Se tocará y empujará el testigo (sin apoyarse en él) con los dedos de ambas manos al mismo tiempo, manteniéndose la posición máxima alcanzada, hasta que se lea el resultado.

Para la ejecución el/la aspirante puede mover los brazos, flexionar el tronco y las rodillas, pero no puede separar del suelo ninguna parte de los pies antes de soltar el testigo.

Hay que mantener el equilibrio y abandonar el aparato por su frente y caminando.

Dispone de dos intentos.

## 2.4. Prueba de potencia de tren inferior: Salto vertical

El/la aspirante se colocará de lado junto a una pared vertical, y con el brazo más cercano a la misma totalmente extendido hacia arriba. Desde esta posición inicial el aspirante marcará la altura que alcanza.

Separado 20 centímetros de la pared vertical, saltará tanto como pueda y marcará nuevamente con los dedos el nivel alcanzado.

Se acredita la distancia existente entre la marca hecha desde la posición inicial y la conseguida con el salto.

Dispone de dos intentos.

## 2.5. Prueba de resistencia general: Carrera de 1.000 metros lisos

El/la aspirante se colocará en la pista en el lugar indicado. La salida se realizará en pie.

Será eliminado/a el corredor que abandone la pista durante la carrera.

Dispone de un intento.

# 3. Marcas exigidas en las pruebas

Las pruebas físicas anteriormente indicadas serán controladas por personal técnico y especializado, quien asesorará en este ejercicio al Tribunal Calificador.

Este ejercicio se calificará con la conceptuación de apto o no apto.

Las marcas exigidas para la superación de cada una de las pruebas son las que figuran en la tabla siguiente, estando el opositor incluido en el grupo de edad correspondiente, teniendo en cuenta la edad el día de celebración de las pruebas, salvo que el mismo superase los 34 años, en cuyo caso estará incluido en el grupo de 30 a 34 años.

**TABLA DE MARCAS EXIGIDAS**

| Prueba | | Grupos de edad | | |
|---|---|---|---|---|
| | | 16 a 24 | 25 a 29 | 30 o más |
| Carrera de 50 metros lisos (segundos, centésimas) | Hombres | 8 00 | 8 50 | 9 00 |
| | Mujeres | 9 00 | 9 50 | 10 00 |
| Flexiones de brazo en suspensión pura (n° flexiones) | Hombres | 8 | 6 | 4 |
| Lanzamiento de balón medicinal (metros, centímetros) | Mujeres | 5,50 | 5,25 | 5,00 |
| Test de flexibilidad profunda (centímetros) | Hombres y mujeres | 26 | 23 | 20 |
| Salto vertical (centímetros) | Hombres | 48 | 44 | 40 |
| | Mujeres | 35 | 33 | 31 |
| Carrera de 1 000 metros lisos (minutos: segundos) | Hombres | 4:00 | 4:10 | 4:20 |
| | Mujeres | 4:30 | 4:40 | 4:50 |

# CAPÍTULO 2

## Preguntas frecuentes

### Índice

## 1. ¿Quién se puede presentar a las oposiciones de Policía Local del Ayuntamiento de Sevilla?

Todo el que cumpla los requisitos que se exigen en la convocatoria, según aparece en las bases de la convocatoria publicada en el Boletín Oficial de la Provincia de Sevilla núm. 219, de 21 de septiembre de 2021.

## 2. ¿Todo el mundo puede llegar a aprobar los exámenes físicos?

Así es, podrá hacerlo todo aquel que se lo proponga y entrene para ello. Las pruebas físicas evalúan el rendimiento físico y motor, siendo ello necesario para desarrollar la labor de Policía Local.

## 3. ¿Cómo se pueden superar las pruebas físicas?

La forma de aprobar es entrenando. Por muy baja que sea la condición física, con esfuerzo y dedicación se mejora y consigue una buena nota. Para ello, bastará con seguir las indicaciones que se dan en este libro.

## 4. ¿En cuánto tiempo se pueden preparar con éxito las cinco pruebas físicas?

Va a depender del nivel de condición física inicial pero, salvo pocas excepciones, bastará con tres o cuatro meses. En algún caso se necesitará más tiempo, dependiendo de la genética y la capacidad de asimilación del entrenamiento deportivo (no todas las personas mejoran al mismo ritmo).

## 5. ¿Cómo se puede saber el estado de forma física inicial?

A través de los test de valoración anatómica e inicial que se incluyen en los capítulos 8 y 9 del libro, cada aspirante podrá evaluar su estado físico anatómico y la condición física que tiene en relación a las cuatro pruebas que se piden en la oposición.

## 6. ¿Qué es necesario para llevar a cabo los entrenamientos?

Sobre todo ganas y algo de tiempo. Para preparar las pruebas se requiere ropa adecuada e instalaciones deportivas, así como unas pautas de entrenamiento que garanticen la mejora y eviten posibles lesiones.

## 7. ¿Se pueden preparar estas pruebas sin necesidad de ir a un gimnasio?

Así es, no es necesario ir a un gimnasio. La única instalación necesaria será una piscina. Contando con la ayuda de un preparador físico, ya sea a distancia o presencial, se podrán mejorar dichas pruebas físicas.

## 8. ¿Todas las pruebas son susceptibles de mejora?

Por supuesto. Si se entrenan correctamente, se progresará en cada una de las cinco pruebas físicas. Puede haber alguna que cueste más trabajo, pero con esfuerzo y constancia se obtendrán mejores resultados.

# CAPÍTULO 3

## Conceptos fundamentales

En este capítulo se definen las palabras técnicas que se usan a lo largo del libro:

–   **Aceleración**: capacidad de aumentar la velocidad de un cuerpo en cierto tiempo. Puede consistir en pasar de una situación sin movimiento a otra en la que se adquiere cierta velocidad. O bien, puede conllevar a un aumento de la velocidad actual, consiguiendo con ello una nueva velocidad mayor.

–   **Ácido láctico**: sustancia que se forma en la sangre debido a la falta de oxígeno en los músculos al realizar un ejercicio físico de alta intensidad.

–   **Alimentación**: ingestión de sustancias por parte de los organismos de los seres vivos para conseguir energía y desarrollarse. Puede ser objeto de fines nutricionales y psicológicos, implicando con estos últimos una simple satisfacción y obtención de sensaciones gratificantes.

–   **Anabolismo**: proceso del metabolismo de construcción de moléculas grandes a partir de otras más pequeñas. Ejemplo: formación de proteína a partir de aminoácidos, con el fin de formar nuevas células.

–   **Carga**: medida de trabajo de entrenamiento desarrollado. Se contabiliza por medio del volumen y la intensidad.

–   **Catabolismo**: proceso inverso al anabolismo, en el cual hay una destrucción de moléculas grandes formándose moléculas más pequeñas. Esto sucede al estar muchas horas sin ingerir alimento, lo cual no es nada recomendable ya que se destruye tejido muscular o, al menos, no se favorece a su crecimiento.

–   **Contracción (muscular)**: proceso fisiológico en el cual un estímulo previo hace que los músculos desarrollen tensión y se acorten (contracción isotónica concéntrica), se estiren (contracción isotónica excéntrica) o permanezcan en la misma posición (contracción isométrica). Ejemplo de contracción isotónica concéntrica: flexiones de brazo, extensión de codos (fase positiva o de subida). Ejemplo de contracción isotónica excéntrica: flexiones de brazo, flexión de codos (fase negativa o de bajada). Ejemplo de contracción isométrica: suspensión en barra.

*Contracción del gemelo*

- **Cualidades físicas básicas**: fuerza, resistencia, velocidad y flexibilidad.

- **Definición (muscular)**: pérdida de grasa corporal con fines estéticos (marcar más los músculos) o funcionales (estar más ligero para la realización de las pruebas físicas).

- **Densidad**: relación temporal entre la fase de trabajo y la de recuperación. Es el descanso que toma la persona para poder tener un mejor aprovechamiento de su actividad física. Ejemplo: un entrenamiento de 40 minutos de duración, de los cuales 5 minutos se han utilizado para descansar es un entrenamiento más denso que uno de la misma duración pero que ha tenido 10 minutos de descansos.

- **Deporte**: actividad física reglada (tiene normas) e institucionalizadas (esas normas están estandarizadas).

- **Duración**: tiempo en el que se desarrolla un ejercicio físico. Ejemplo: 20 minutos de carrera continua.

- **Ejercicio físico**: movimiento consciente y sistemático que mantiene y/o mejora la condición física y la salud.

- **Entrenamiento deportivo**: consiste en la ejercitación y preparación fisiológica para soportar cargas físicas que provocan una adaptación funcional o morfológica. Según Matvéiev, *"El entrenamiento deportivo es la forma fundamental de preparación del deportista, basada en ejercicios sistemáticos y la cual representa, en esencia, un proceso pedagógicamente con el objeto de dirigir la evolución del deportista (su perfeccionamiento deportivo)".*

- **Flexibilidad**: capacidad física básica que consiste en el estiramiento de los músculos del cuerpo. Ejemplo: de pie apoyando una pierna en un banco a 90º, paralela al suelo, hacer flexión de tronco inclinándose hacia delante (flexibilidad de los isquiotibiales).

*Estiramiento para mejorar la flexibilidad*

- **Frecuencia cardiaca**: pulsaciones por minuto que realiza el corazón para bombear sangre a los músculos. Ejemplo: 150 pulsaciones / minuto.

- **Frecuencia cardiaca máxima (FC máx.)**: dato teórico obtenido de la fórmula 220 – edad, con el cual se supone que las pulsaciones de un deportista no sobrepasarían de ese resultado ni con un gran esfuerzo (hay excepciones en muchas personas). A partir de este dato se aplican porcentajes para determinar intensidades de esfuerzo. Ejemplo: FC máxima de un chico de 20 años = 220 – 20 años = 200 pulsaciones por minuto. Carrera continua al 70 % de la FC máxima = 200 x 0.70 = 140 puls/min.

– **Fuerza (muscular)**: capacidad física básica que consiste en la superación de una resistencia externa o interna mediante una contracción muscular.

*Ejercicio de fuerza superando una resistencia*

– **Hipertrofia**: aumento de masa muscular. Se produce un ensanchamiento de los músculos, normalmente acompañado de una ganancia de peso corporal (no siempre libre de grasa).

– **Intensidad**: valor cualitativo del ejercicio físico, medido en esfuerzo muscular. Es el grado de concentración y dificultad de un ejercicio en una unidad de tiempo. Ejemplo: pulsaciones por minuto, velocidad (km/h), ritmo de carrera (4 minutos/km), grado de esfuerzo a la hora de realizar el circuito de agilidad, porcentaje de kg levantados respecto al máximo posible, grado de esfuerzo para llegar a las últimas repeticiones realizadas en una serie de flexiones de brazo.

– **Mantenimiento**: fase de afianzamiento de los resultados obtenidos con una dieta y/o ejercicio físico, evitando así el efecto rebote y la regresión al peso y características corporales anteriores no deseadas (porcentaje de músculo y grasa).

– **Mecanismo de defensa**: forma en que el organismo trata de evitar un ataque. En términos de nutrición, se refiere al hecho preventivo de acumular grasa para utilizarla en un futuro como forma de energía en el caso de necesitarla y no disponer de ella. Esto es lo que sucede cuando se entra en fase catabólica (catabolismo) por estar demasiado tiempo sin ingerir alimento. Ejemplo: los osos se alimentan en exceso para prevenir la falta de ingesta de alimentos en los periodos de hibernación.

– **Metabolismo**: conjunto de reacciones y procesos sucedidos en las células y en el organismo que permiten diversas actividades: crecer, reproducirse, responder a estímulos, etc.

– **Nutrición**: aprovechamiento de los nutrientes, manteniendo el equilibrio interno del organismo.

– **Tasa metabólica basal**: valor mínimo de energía para que un organismo lleve a cabo las funciones vitales básicas: respiración, digestión, etc. Ejemplo: 1.000 kilocalorías diarias gastadas en reposo (mujer de 30 años con 55 kilogramos de peso corporal).

– **Parcial**: tiempo que se tarda en recorrer una determinada distancia. Ejemplo: en una carrera de 1.000 metros, con 5 parciales de 200 metros, podrían ser 50´´, 45´´, 48´´, 46´´ y 40´´.

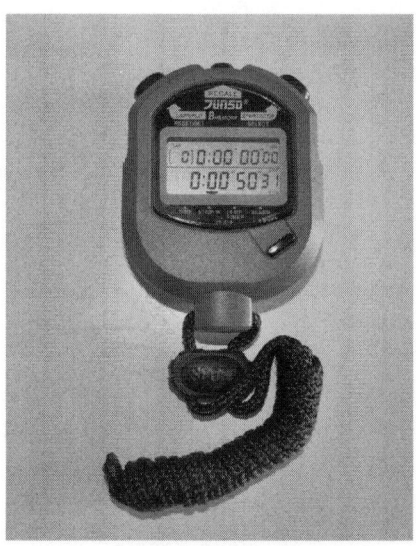

*Parcial en un cronómetro*

– **Parcial acumulativo**: consiste en la suma del tiempo parcial que engobla el tiempo total para recorrer una determinada distancia. Ejemplo partiendo del resultado del ejemplo anterior: 50´´ (200 metros), 1,35´´ (paso por los 400 m), 2,23´´ (paso por los 600 m), 3,09´´ (paso por los 800 m) y 4,09´´ (paso por los 1.000 m).

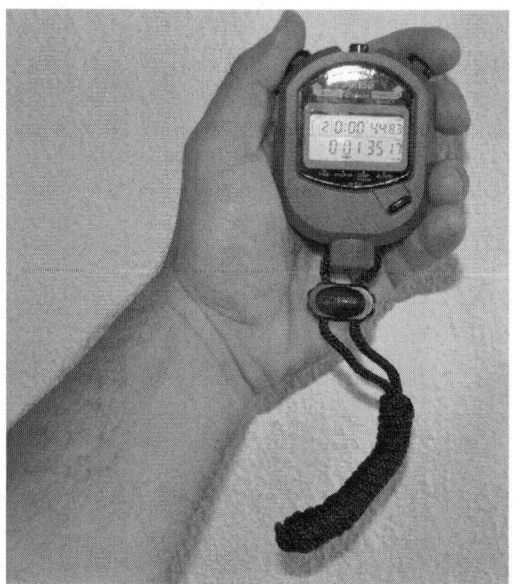

*Parcial acumulado en un*
*cronómetro de mano*

– **Planificación**: gestión para obtener un determinado objetivo a corto, medio o largo plazo.

– **Preparación deportiva:** *"un proceso multifacético de utilización racional del total de factores (medios, métodos y condiciones) que permite influir de manera dirigida sobre el crecimiento del deportista y asegurar el grado necesario de su disposición a alcanzar elevadas marcas deportivas"*, planteando al proceso de entrenamiento como *"la forma principal de poner en práctica la preparación de deportista basada en la ejercitación sistemática y la cual representa en esencia un proceso organizado pedagógicamente con el objeto de dirigir la evolución del deportista (su perfeccionamiento deportivo)"*, según Matvéiev.

– **Pulsómetro**: aparato que sirve para medir la frecuencia cardíaca contando las pulsaciones por minuto del corazón.

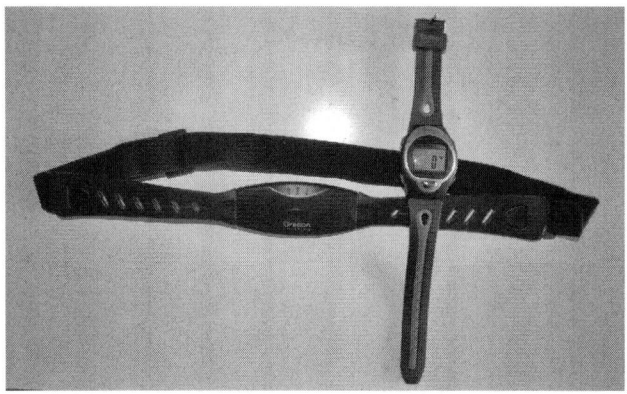

*Pulsómetro con banda*

– **Recuperación**: descanso producido entre ejercicios físicos, normalmente entre series. Hay dos tipos: pasiva (descansado de pie o sentado) y activa (caminando, trotando lentamente, haciendo abdominales, etc.). Ejemplo: 2 minutos entre series de 500 metros de carrera.

– **Repetición**: número de veces que se realiza un determinado ejercicio. Ejemplo: 10 dominadas.

– **Resistencia**: capacidad física básica que consiste en el mantenimiento de un esfuerzo físico durante el mayor tiempo posible.

– **Ritmo**: sucesión regular de movimientos que se repite en un periodo de tiempo determinado. Ejemplo: en una carrera de 10 km realizada en 50 minutos, el ritmo es 5 minutos cada km (ritmo medio).

– **Serie**: conjunto de repeticiones realizadas. Ejemplo: 10 dominadas componen 1 serie. 4 x 10 se referiría a 4 series de 10 repeticiones cada una (total 40 dominadas).

– **Somatotipo**: sistema diseñado para clasificar el tipo corporal o físico. Es utilizado para estimar la forma corporal y su composición. Se utiliza como instrumento en las evaluaciones de la aptitud física en función de la edad y el sexo.

– **Test**: realización de una prueba física con el fin de conocer su resultado. Ejemplo: test de suspensión en barra con resultado de 35 segundos de duración.

- **Velocidad**: capacidad física básica que consiste en desplazarse de un sitio a otro o mover una carga en una unidad de tiempo. Ejemplo: carrera continua a 10 km/hora.

- **Volumen**: valor cuantitativo del ejercicio físico, medido en distancia recorrida, tiempo de duración, número de repeticiones del circuito de agilidad, kilogramos levantados, repeticiones realizadas, dominadas o suspensión en barra. Ejemplo: metros recorridos durante la carrera, dominadas realizadas, segundos suspendidos en barra, etc.

- **Vueltas**: referido al número de veces que se repite un circuito de ejercicios de musculación. Ejemplo: con 3 ejercicios (1, 2 y 3) y 12 repeticiones en cada uno. Si se habla de hacer 3 vueltas al circuito, se deberá realizar 12 repeticiones del ejercicio 1, 12 del ejercicio 2 y 12 del ejercicio 3. Así dos veces más por este orden, con el fin de completar el recorrido de 3 rondas.

# CAPÍTULO 4

## Las cualidades físicas básicas

# 1. Introducción

Las cualidades físicas principales son las siguientes:

- Fuerza.

- Resistencia.

- Velocidad.

- Flexibilidad.

Existen otras cualidades pero son una combinación de estas últimas (agilidad, coordinación, etc.).

# 2. Fuerza

Consiste en la superación de una resistencia externa o interna mediante una contracción muscular.

Tipos:

- **Fuerza máxima**: realización de una contracción voluntaria que implica un desarrollo de la fuerza total de una persona. Puede ser estática o dinámica. Ejemplo: arrancada de halterofilia.

- **Fuerza veloz**: superación de una resistencia con una elevada rapidez de contracción. Ejemplo: lanzamiento de jabalina.

- **Fuerza resistencia**: capacidad para oponerse a la fatiga en el desarrollo repetido de fuerza. Ejemplo: natación.

# 3. Resistencia

Es la capacidad física básica que consiste en el mantenimiento de un esfuerzo físico durante el mayor tiempo posible.

Tipos:

- **Resistencia aeróbica**: trabajo de larga duración y baja/media intensidad, con predominio de oxígeno suficiente. Ejemplo: carrera continua durante 45 minutos al 70 % de la FC Máxima.

- **Resistencia anaeróbica**: trabajo de más corta duración y alta intensidad, con abastecimiento de oxígeno insuficiente. Hay dos tipos:

  * Anaeróbica **láctica**, si se acumula ácido láctico en el músculo. Ejemplo: serie de 400 metros corriendo.

  * Anaeróbica **aláctica**, cuando no se acumula dicho residuo. Ejemplo: carrera de 50 metros lisos.

🖈 Recuerda que...

El ácido láctico es una sustancia que se forma en la sangre debido a la falta de oxígeno en los músculos al realizar un ejercicio físico de alta intensidad.

# 4. Velocidad

Consiste en desplazarse de un sitio a otro o mover una carga en una determinada unidad de tiempo.

Tipos:

– **Velocidad de reacción**: capacidad de responder a un determinado estímulo en una unidad de tiempo. Ejemplo: comenzar la carrera de 50 metros cuando suena la señal del examinador.

– **Velocidad de desplazamiento**: rapidez con la que se recorre una distancia. Ejemplo: carrera a 5 minutos/km.

– **Velocidad gestual**: cualidad que nos permite realizar un movimiento corporal en un determinado espacio de tiempo. Ejemplo: secuencia de golpes directos por parte de un boxeador.

# 5. Flexibilidad

Es la capacidad de elongación que tiene el cuerpo, en concreto los músculos y las articulaciones, sin llegar a dañarse.

Tipos:

- **Estática**: es la que se mantiene en el tiempo tras adoptar una determinada posición corporal. Ejemplo: estiramiento de cuádriceps llevando el talón al glúteo y aguantando la posición.

- **Dinámica**: consiste en la realización de rebotes llegando o pasando del rango de una articulación. Hoy en día está en desuso ya que se ha comprobado que puede producir lesiones. Ejemplo: estiramiento de los isquiotibiales de pie, a pies juntos, haciendo rebotes.

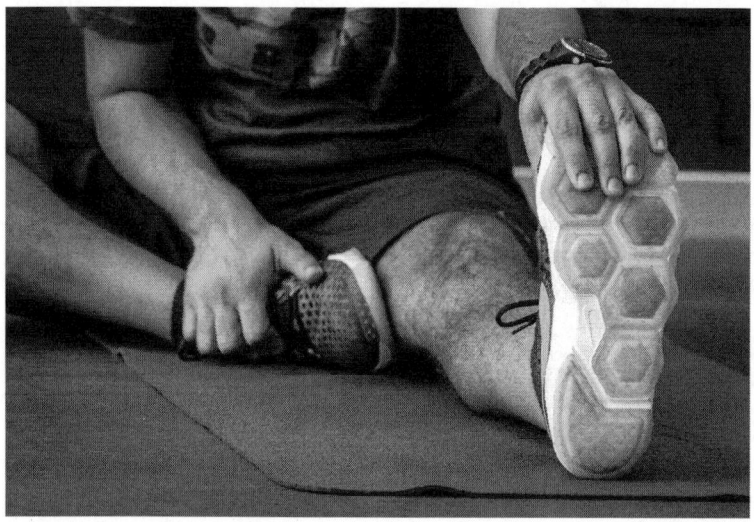

# CAPÍTULO 5

# Principios del entrenamiento deportivo

## Índice

# 1. Introducción

Es conveniente tener una base teórica para comprender la planificación y organización de los contenidos de este libro. Para ello, se explicarán los nueve principios del entrenamiento deportivo.

Estos son importantes para tener éxito en el proceso del entrenamiento, evitando estancamientos, retrocesos, lesiones, etc.

# 2. Principio de individualidad

**Cada persona asimila de forma distinta** el mismo entrenamiento, ya que existen una serie de factores subjetivos:

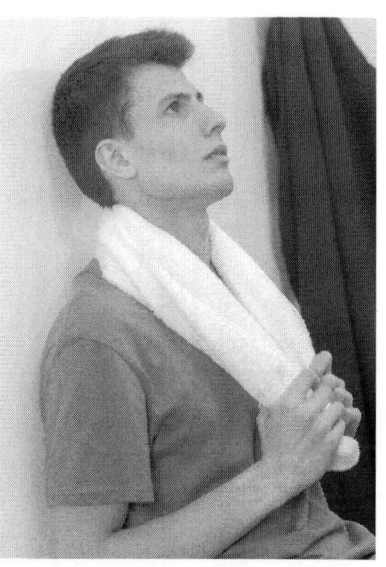

- Herencia genética.

- Maduración de los huesos y músculos.

- Nutrición.

- Descanso y sueño.

- Nivel de condición física.

- Motivación.

# 3. Principio de adaptación

Es el proceso de **asimilación de la carga** de entrenamiento. Por medio de él, se producen mejoras en:

- La función del corazón, circulación y respiración.

- La fuerza y resistencia muscular.

- Los huesos, tendones y ligamentos.

# 4. Principio de sobrecarga

Una **carga de trabajo mayor a la que el cuerpo está acostumbrado** producirá una mejora del nivel de preparación del deportista.

Existen tres factores que influyen en el ritmo de mejora:

- Frecuencia.

- Intensidad.

- Tiempo de duración.

# 5. Principio de progresión

La intensidad, frecuencia y duración de los ejercicios debe **aumentarse poco a poco y de forma continua**.

Este principio también comprende la progresión de:

- Lo general... a lo específico.

- Las partes... a la totalidad.

- La cantidad... a la calidad.

# 6. Principio de la especificidad

Los efectos del entrenamiento serán propios y determinados según el sistema de energía, grupo muscular y tipo de movimiento de cada articulación que se trabaje.

El rendimiento mejora más cuando **el entrenamiento es especializado y concreto a la actividad**.

# 7. Principio de la variación

Un **programa de entrenamiento debe ser diferente** para evitar el aburrimiento y alcanzar resultados.

Deberá existir la siguiente alternancia:

Trabajo/descanso...... Intenso/ligero

No se debe trabajar con ritmo intenso todos los días de la semana. De 2 a 4 días por semana serían el máximo aconsejable. Los días de recuperación variarán entre el trabajo de ligera o moderada intensidad.

# 8. Principio del calentamiento y vuelta a la calma

El **calentamiento** debe preceder toda actividad intensa con el fin de:

– Aumentar la temperatura corporal.

– Incrementar el ritmo respiratorio y las pulsaciones.

A través de una **vuelta a la calma** con una ligera actividad después del trabajo intenso, se favorecerá la acción de bombeo de sangre y la renovación de los productos de desechos en la sangre (por ejemplo, la eliminación de ácido láctico acumulado).

# 9. Principio de entrenamiento a largo plazo

**No se debe acelerar el proceso de entrenamiento deportivo**. Hay que respetar las etapas de maduración del cuerpo humano. El buen camino implica un programa de entrenamiento a largo plazo, sin presiones ni especialización prematura.

# 10. Principio de acción inversa

**Los efectos positivos del entrenamiento deportivo son reversibles**. La mayoría de las adaptaciones logradas se pueden perder en menos tiempo del empleado para ganarlas.

Como ejemplo, se dice que se necesita tres veces más tiempo para ganar resistencia que para perderla. La fuerza desciende más lentamente, pero el hecho de no utilizarla causará atrofia aun en los músculos mejor entrenados.

 Sabías que...

Hay estudios que confirman que la condición física disminuye a un ritmo de cerca del 10 % por semana con descanso completo en la cama.

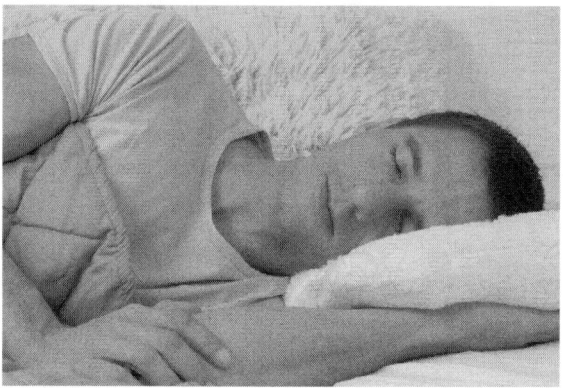

🔖 Recuerda que...

Los programas de entrenamiento deben diseñarse de acuerdo con los siguientes principios:

– Adaptarse a las diferencias individuales.
– El efecto de entrenamiento se establece cuando el cuerpo se ha adaptado a la sobrecarga del mismo.
– Hay que sobrecargar al deportista.
– Hay que utilizar progresiones.
– Los efectos de entrenamiento son específicos al tipo de estímulo que se utilice en las tareas.
– La adaptación se logra cuando el trabajo va seguido de descanso.
– El calentamiento y la vuelta a la calma deben ser parte del entrenamiento.
– No se debe acelerar el proceso de entrenamiento.
– Los efectos del entrenamiento son reversibles.

# CAPÍTULO 6

# Vías metabólicas de obtención de energía y nutrientes necesarios

# 1. Introducción

La energía (en forma de ATP) se puede obtener de los hidratos de carbono, de las proteínas y de las grasas. Además hay otros elementos coadyuvantes necesarios para vías de obtención de energía en nuestro organismo, como son determinados minerales (hierro, calcio, magnesio…) y vitaminas.

Existen tres vías metabólicas para la obtención de energía según el tipo de ejercicio que realicemos. Debemos saber que cualquiera que sea la actividad que se desarrolle, con la intensidad que sea, las tres vías metabólicas van a coexistir, pero en diferente proporción, predominando unas sobre otras.

# 2. Vía anaeróbica aláctica

Es capaz de proporcionar ATP de forma ultrarrápida. Es una vía metabólica en la cual el ATP ya está formado, y simplemente se tiene que realizar hidrólisis para obtener la energía.

No precisa de oxígeno (es una vía anaeróbica) ni de ningún sustrato energético (el ATP ya está formado).

Esta vía de obtención de energía predomina casi en exclusiva en esfuerzos de elevada intensidad (explosivos) y de corta duración. Por ejemplo: una carrera de 100 metros lisos, donde se necesita mucha energía, y de forma muy rápida.

Esta vía es muy limitada en cuanto a disponibilidad, ya que los "depósitos" se agotan, por lo que solo es útil para este tipo de ejercicios intensos y de corta duración.

*Sprint*

# 3. Vía anaeróbica láctica

En este caso, tampoco se precisa de oxígeno para producir ATP (es también una vía anaeróbica).

En cuanto a la velocidad de producción del ATP, es bastante rápida aunque no tanto como la vía anterior, en la que el ATP ya estaba formado.

Es cuantitativamente pobre en cuanto a producción de ATP, ya que por cada mol de sustrato (1 glucosa), se obtiene escasa cantidad de ATP. El sustrato necesario en este caso para la producción de ATP es la GLUCOSA.

En esta vía, como su propio nombre indica, se produce ácido láctico, que puede llevar a fatiga periférica o fatiga muscular.

Esta vía se emplearía en el caso de ejercicios que requieran de **esfuerzos de elevada intensidad**. El sustrato energético fundamental es la glucosa, y esta vía supone más del 50 % de la producción de ATP en este tipo de ejercicios que van a producir fatiga.

# 4. Vía aeróbica

En esta vía de obtención de energía se produce gran cantidad de ATP, por lo que cuantitativamente es muy importante. Pero ese ATP se produce de forma lenta, por lo que cualitativamente es pobre.

Precisa además necesariamente oxígeno (aeróbica) para la producción de ATP.

En este caso, se puede utilizar cualquier sustrato energético, no solo hidratos de carbono (glucosa), sino también grasas (en forma de ácidos grasos libres) y proteínas (en forma de aminoácidos).

*Caminar*

Esta vía para la producción de energía predomina en el caso de esfuerzos que se toleran bien, realizados durante un tiempo prolongado, sin generar fatiga (**esfuerzos por debajo del umbral anaeróbico**). Puede utilizar como ya se ha dicho, tanto hidratos de carbono, como grasas, como proteínas. Aunque se debe saber que fundamentalmente utiliza grasas. Un ejemplo claro es andar.

Como norma general podemos clasificar los sustratos para la producción de energía por orden de importancia:

1.º Hidratos de carbono.

2.º Grasas.

3.º Proteínas.

# CAPÍTULO 7

# Músculos implicados en la ejecución de las pruebas físicas

## Índice

# 1. Introducción

A continuación se explicará la acción muscular que se realiza en las cinco pruebas físicas.

El cuerpo está formado por un conjunto de huesos, músculos y articulaciones.

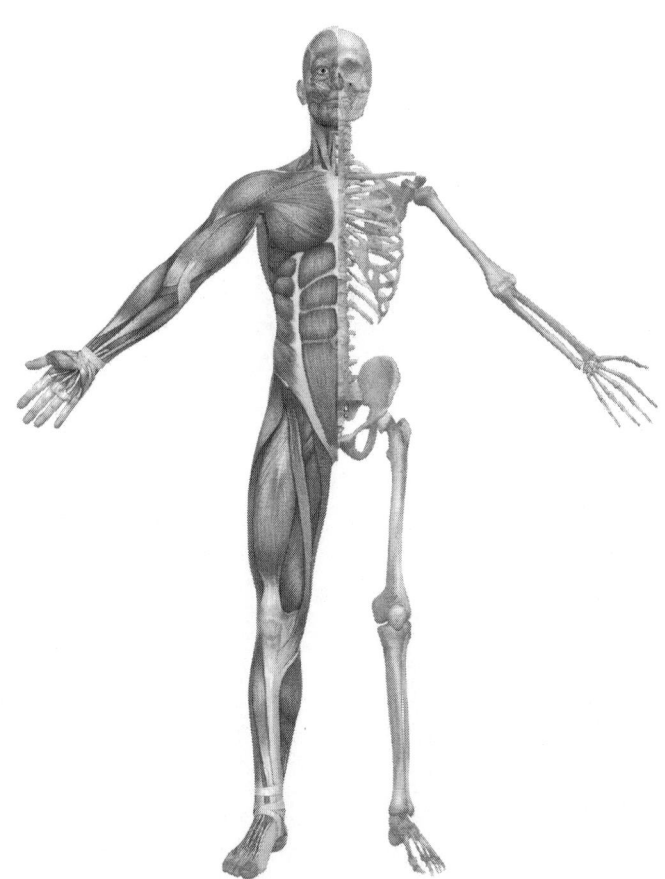

La columna vertebral sirve de sostén y nexo de unión entre el tren superior y el inferior. A través de ella, la cabeza, las extremidades superiores (brazos) y las inferiores (piernas) se unen con el tronco y conforman todo el conjunto de huesos.

Dichas extremidades están enlazadas por articulaciones, que a su vez se sostienen por medio de tendones y ligamentos.

Para mover todo el conjunto de huesos existen los músculos y, por medio de ellos, se puede realizar acciones como andar, correr, saltar, empujar, etc.

A continuación, se analizarán las principales partes del cuerpo humano que ayudarán a la realización de las cinco pruebas físicas del proceso de selección para el ingreso en la Policía Local del Ayuntamiento de Sevilla.

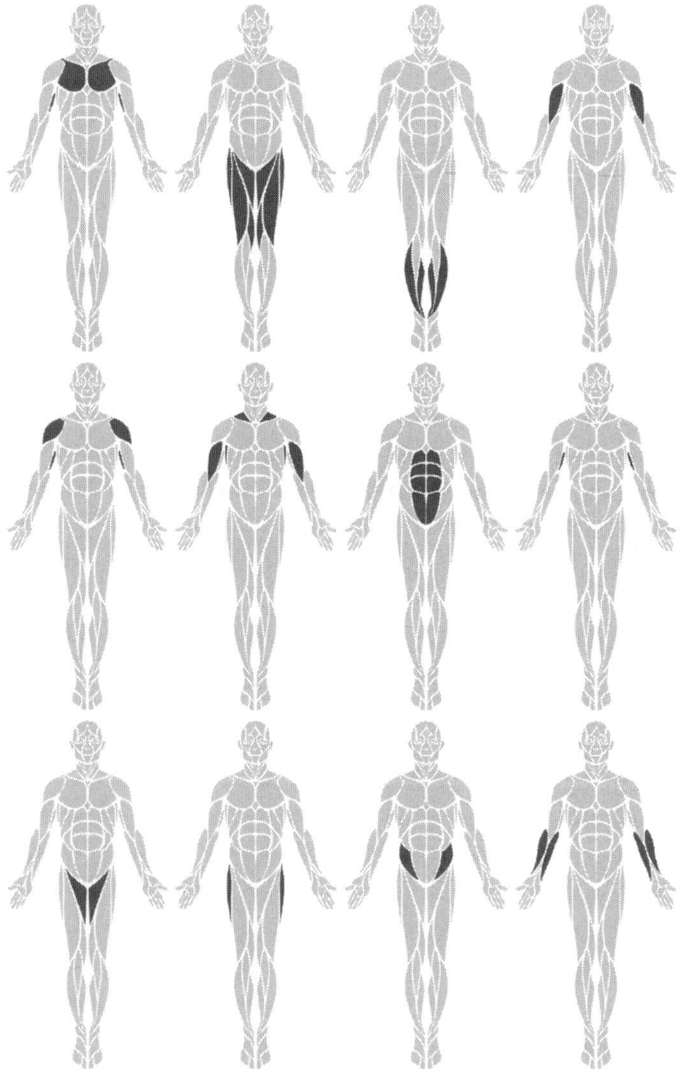

# 2. Carrera de 50 metros

Dado que es una prueba de velocidad, hay una gran exigencia a nivel muscular.

Mayoritariamente, los músculos que más repercusión tienen son los de las piernas, aunque las brazadas del tren superior también tienen cierta importancia:

- Principales: cuádriceps, isquiotibiales, psoas ilíaco, gemelo, tibial anterior, sóleo y glúteo.

- Secundarios: pectoral, deltoides anterior, dorsal y deltoides posterior.

Cabe decir que la técnica de carrera de la prueba de 50 metros varía respecto a la de 1.000 metros. Hay una mayor frecuencia de movimientos y se busca amplitud de los pasos, una vez adquirida cierta velocidad. La elevación de rodilla y talón son mucho mayores que en la carrera de mayor distancia.

*Prueba de velocidad*

# 3. Potencia de tren superior: Dominadas o lanzamiento de balón medicinal

Esta prueba evalúa la fuerza de los miembros superiores.

# 3.1. Hombres: Dominadas

Los principales músculos implicados son el dorsal ancho y el bíceps braquial.

También participan el braquial anterior, el supinador, la porción baja del dorsal ancho, el antebrazo y los flexores de los dedos.

Asimismo, los abdominales trabajan para mantener una buena posición corporal.

*Dominadas*

# 3.2. Mujeres: Lanzamiento de balón medicinal

En esta prueba existe una elevación del balón por encima de la cabeza en la que actúa principalmente el hombro. Esta es la fase negativa del movimiento, en la que finalmente se contrae el trapecio y el cuadrado lumbar.

En la fase positiva del movimiento intervienen el dorsal ancho, el pectoral, el tríceps y el abdominal. Es aquí donde se imprime la fuerza para lanzar el balón.

*Lanzamiento de balón*

# 4. Flexibilidad profunda

En esta prueba se considera el grado de flexión y elasticidad muscular y articular. Mediante la misma, actúan los músculos de la parte posterior del cuerpo. Sobre todo, tienen más protagonismo los isquiotibiales, aductores y lumbares.

En menor medida, intervienen los trapecios, glúteos, gemelos y sóleos.

*Prueba de flexibilidad*

Sabías que...

La flexibilidad es la única cualidad física básica que involuciona desde el nacimiento. Esto se refiere a que, desde que nacemos, no cesa la pérdida de elasticidad y esta cualidad empeora con el paso de los años si no la trabajamos.

En cambio, las otras tres cualidades físicas básicas (fuerza, resistencia y velocidad) alcanzan su estado más óptimo entre los 20 y los 30 años del sujeto.

Por ello, esta prueba será entrenada al finalizar cada uno de los entrenamientos, ya sean de musculación o de carrera.

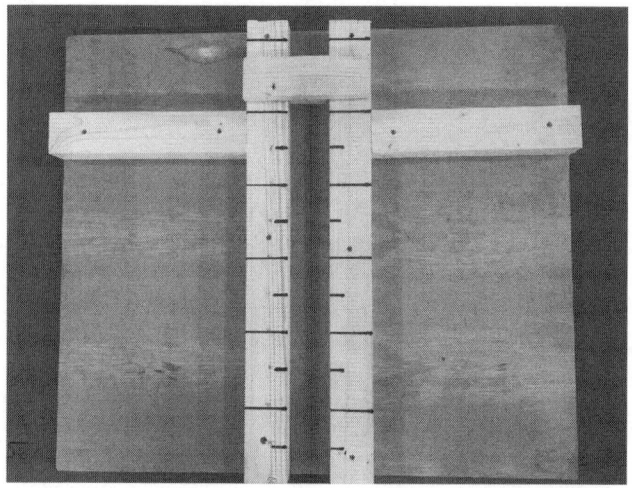

*Tabla "casera" para realizar el test de flexibilidad*

# 5. Salto vertical

Esta es una prueba en la que se evalúa la potencia o fuerza explosiva del tren inferior. Principalmente, actúan los cuádriceps, isquiotibiales y gemelos.

Los abdominales y lumbares tienen menor repercusión en el desarrollo de esta acción motriz pero también conviene su fortalecimiento para un mejor resultado.

*Salto vertical*

# 6. Carrera de 1.000 metros

Esta es una prueba de resistencia muscular y de resistencia aeróbica.

A grandes rasgos, los músculos que intervienen en el buen desarrollo de esta prueba son los siguientes:

– Principales: cuádriceps, isquiotibiales y gemelos.

– Secundarios: psoas ilíaco y glúteo.

El corazón tiene un gran protagonismo ya que debe bombear la suficiente sangre para que los músculos implicados puedan ejercer los movimientos pertinentes.

*Carrera de resistencia*

# CAPÍTULO 8

## Test de valoración anatómica

# 1. Índice de Masa Corporal (IMC)

El IMC es el índice de masa corporal y **relaciona el peso y la altura** mediante la siguiente fórmula:

**IMC= peso (kg)/altura$^2$ (m)**

Del resultado de esta división salen los siguientes resultados e interpretaciones:

<16.00: Infrapeso, delgadez severa.

16.00 - 16.99: Infrapeso, delgadez moderada.

17.00 - 18.49: Infrapeso, delgadez aceptable.

18.50 - 24.99: Peso normal.

25.00 - 29.99: Sobrepeso.

30.00 - 34.99: Obesidad grado I.

35.00 - 40.00: Obesidad grado II.

>40.00: Obesidad grado II (mórbida).

> ### ⚡ Recuerda que...
>
> La densidad de la masa muscular es mayor que la de la masa grasa. Por lo tanto, aunque se pierda mucha grasa, si se gana músculo, el peso corporal puede seguir siendo el mismo o incluso mayor que antes.

Un **IMC bajo** se debe a la desnutrición y el cuerpo no obtiene la cantidad suficiente de nutrientes y energía que necesita. Esto puede ocasionar problemas como:

- anemia,
- desequilibrios hormonales,
- poca densidad ósea promoviendo la aparición de osteoporosis,
- bajas defensas en el sistema inmunológico,
- problemas cardíacos…

Asimismo, pueden aparecer diversos síntomas como el déficit de energía, problemas para conciliar el sueño, frecuentes enfermedades, estreñimiento, dolor de pecho y palpitaciones cardíacas.

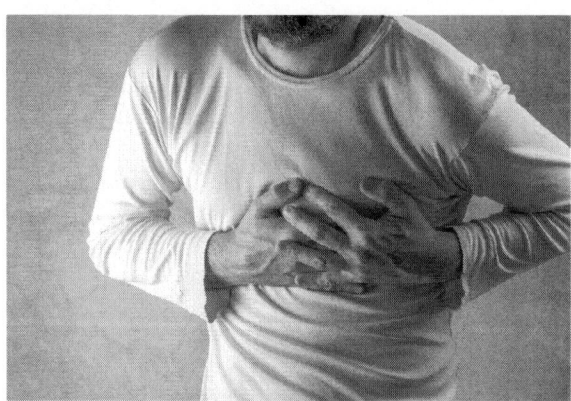

Un **IMC alto** puede derivar en los siguientes problemas:

- Enfermedades coronarias.
- Infarto cerebral.
- Alteración de los niveles de los lípidos (por ejemplo, triglicéridos y colesterol LDL alto, colesterol HDL bajo, etc.).

- Trastorno respiratorio produciendo apnea del sueño.

- Cáncer de colon, de mama y de endometrio.

- Tensión arterial alta.

- Diabetes mellitus (tipo II o no insulinodependiente).

- Artrosis.

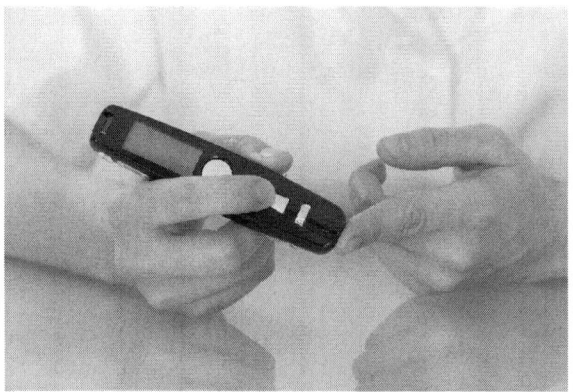

# 2. Índice Cintura-Cadera (ICC)

Para evitar el error de fijarse solo en la báscula, se deben realizar mediciones de **perímetros corporales** significativos de **cintura y cadera** (para más información, se podrían medir el pectoral, brazo y la pierna). De esta forma, se obtienen más datos a la hora de controlar la morfología corporal.

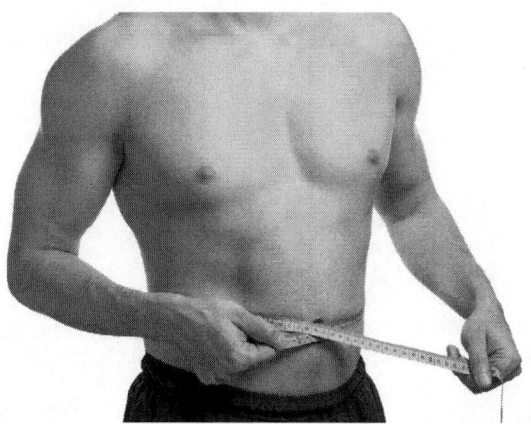

Las mediciones se pueden realizar con una cinta métrica (de costurera o de carpintero). Hay que rodear todo el contorno de la zona, con el fin de saber el perímetro corporal. Una vez obtenido los valores de la cintura y de la cadera, se deben usar en la siguiente fórmula:

**ICC= cm de cintura / cm de cadera**

–   ICC = 0,71-0,84 normal para mujeres.

–   ICC = 0,78-0,94 normal para hombres.

**Valores mayores**: síndrome androide (cuerpo de manzana). Suele darse en hombres con exceso de peso y un gran acúmulo de grasa en la zona abdominal. También aparece en esa zona en mujeres con menopausia.

**Valores menores**: síndrome ginecoide (cuerpo de pera). Suele darse en mujeres con exceso de peso y un gran acúmulo de grasa en la zona de las caderas y glúteos.

Ambos resultados fuera de valores conllevan un riesgo similar al producido por tener un IMC alto.

# 3. Somatotipo

 **Recuerda que...**

Como se comentaba en el capítulo 3, el somatipo es un sistema diseñado para clasificar el tipo corporal o físico. Es utilizado para estimar la forma corporal y su composición. Se utiliza como instrumento en las evaluaciones de la aptitud física en función de la edad y el sexo.

Para tener una idea del somatotipo que tiene cada sujeto, Thibadeau hace la siguiente clasificación:

–   **Ectomorfo**: huesos pequeños, delgado, cuerpo longilíneo, baja masa muscular.

–   **Endomorfo**: huesos grandes, excesiva grasa, moderada a gran masa muscular.

–   **Mesomorfo**: gran masa muscular, baja a moderada grasa, huesos grandes.

Para saber el **tipo de constitución** que tiene cada opositor, existe la siguiente prueba: rodear la muñeca izquierda con los dedos pulgar e índice de la mano derecha. En función del resultado, se obtendrá el tipo de constitución ósea:

- Normal: las puntas de los dedos se tocan.

- Gruesa: las puntas de los dedos no se tocan.

- Fina: los dedos se tocan y además se pueden montar uno sobre el otro.

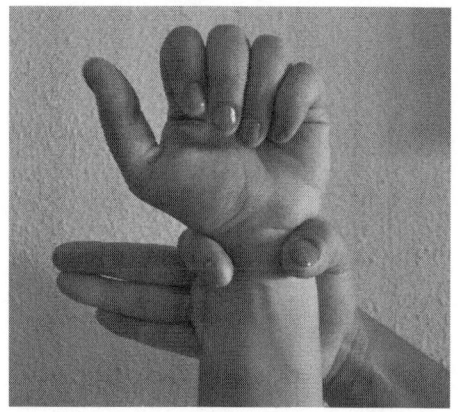

*Constitución gruesa: huesos anchos*

# CAPÍTULO 9

# Test inicial antes de comenzar la preparación

# 1. Introducción

Es importante una primera **autoevaluación** de cara a saber el punto de partida del opositor. Así, en función de los resultados obtenidos en cada una de las cinco pruebas físicas, el opositor podrá elegir el programa más adecuado. Cada aspirante al ingreso a la Policía Local tiene un nivel diferente. No importa cuál sea, con esfuerzo y dedicación se consigue mejorar el resultado inicial. Habrá opositores que destacarán más en unas pruebas que en otras, pero todas son mejorables.

A continuación se explicará cómo **realizar de forma fiable y segura** cada una de las cinco pruebas.

# 2. Primera prueba: Carrera de 50 metros

Es una prueba que evalúa la **resistencia anaeróbica aláctica, velocidad de reacción, capacidad de aceleración y velocidad de desplazamiento**. Consiste en una carrera a pie en una recta de 50 metros.

Dada la duración de la carrera, los suministros de energía suelen ser ATP muscular y fosfocreatina. A pesar de que la velocidad es muy elevada, no hay acumulación de dióxido de carbono ($CO_2$) ni ácido láctico porque la duración del esfuerzo es muy corta.

| Fuentes | Vías de formación | Tiempo inicio | Plazo acción | Duración de liberación |
|---|---|---|---|---|
| Anaerobia Aláctica | CrP, ATP Muscular | 0 | 30″ | 10 ″ |
| Anaerobia lactácida | Glucólisis (reserva glucógeno) | 15 - 20″ | 30″ - 5 - 6 - min. | 30 ″ - 1 min 30 ″ |
| Aeróbico | Oxidación, HC, grasas | 90 - 180″ | Hasta varias horas | 2 - 5 min |

*Sistemas energéticos y sus principales características, según Pancorbo (2002)*

Esta carrera puede llevarse a cabo en una pista de atletismo o en otra zona como parques con marcas ya medidas. También se puede calcular la distancia mediante un programa informático en una foto satélite de internet o utilizar una cinta métrica grande, de hasta 50 metros.

*Carrera de 50 metros*

Es preferible entrenar la carrera por tierra o hierba para **evitar lesiones por sobrecarga** y que los impactos sobre el suelo no tengan tanta repercusión sobre las articulaciones de cadera, rodilla y tobillo. Una excepción puede ser el día que se realice el test, que será preferible que se haga sobre cemento, como el día de la prueba oficial.

Para la mejora de esta prueba se emplean ejercicios de musculación de todo el cuerpo, incluido el tronco (abdominales, lumbares, flexiones, etc.).

*Entrenamiento de abdominales para la mejora en carrera*

**Sabías que...**

Los velocistas utilizan grandes cargas para potenciar los músculos de su cuerpo. Para tener una gran capacidad de velocidad gestual es fundamental tener una musculatura potente y explosiva, por ello se trabaja con ejercicios pliométricos.

 **Vídeo recomendado**

- **Carrera al aire libre por terreno blando**: http://youtu.be/IYgn7hGGm64

Para tener una referencia inicial, se debe realizar el sprint con la ayuda de un compañero que dé la salida al aspirante de forma sonora (silbato). El día de las pruebas oficiales se da la señal de salida con una pistola electrónica. En la meta hay sensores que detectan la llegada de cada aspirante cuando pasan por la misma con el pecho.

Cada grupo de examinados será de 8 como máximo (1 persona por cada carril). Es obligatorio que cada uno corra por su calle, sin invadir ninguna otra, ya que sería motivo de eliminación.

En esta prueba habrá dos intentos, siempre que no se supere el primero.

Antes de realizar esta prueba, es necesario un buen calentamiento ya que, de lo contrario, pueden aparecer efectos adversos como tirones, flatos, hiperventilación causada por no adaptarse a la subida de pulsaciones repentina, etc.

El corredor debe permanecer alerta detrás de la línea de salida. El hecho de tener que reaccionar a un estímulo sonoro hace que sea importante tener el ritmo del corazón elevado para mantener el estado de alerta.

La posición corporal correcta consiste en tener las piernas algo flexionadas, una adelantada y otra atrasada, y los brazos preparados para realizar movimientos contrarios a la piernas. El tronco estará ligeramente inclinado hacia adelante, con el fin de coger inercia en la salida, para erguirse progresivamente tras los primeros metros. Los pasos iniciales son más cortos y los apoyos de los pies más superficiales.

En la primera parte de esta prueba se busca una gran **frecuencia** de movimientos y que sean enérgicos. Poco a poco, adquiere más importancia la **amplitud** de zancada.

*Preparación de la posición de salida*

> ⚡ Recuerda que...
>
> Es importante tener el ritmo del corazón elevado para mantener el estado de alerta.

Motivos por los cuales **no será válida** la carrera de 50 metros:

- Realizar una salida nula, anticipándose a la señal sonora a hora de comenzar la carrera.
- Invadir el carril de otro opositor.

# 3. Segunda prueba: Potencia de tren superior

## 3.1. Dominadas (hombres)

Es una prueba que evalúa la fuerza de los miembros superiores, principalmente dorsal ancho y bíceps braquial; en menor medida, intervienen el braquial anterior, el antebrazo y los flexores de los dedos.

También será importante tener un buen tono muscular en los músculos abdominales y lumbares, con el fin de lograr mantener una buena postura corporal a la hora de realizar las repeticiones. Si la zona central del cuerpo está tonificada, será de gran ayuda a la hora de mantener el cuerpo alineado.

Se trata de una serie de contracciones isotónicas en las que hay una fase concéntrica (subida) en la que los músculos se acortan, y otra fase excéntrica (bajada), en la que estos se estiran.

Para realizar el test se necesitará una barra recta paralela al suelo con la distancia suficiente para que, una vez agarrada con ambas manos y teniendo brazos y piernas extendidos, los pies no toquen el suelo.

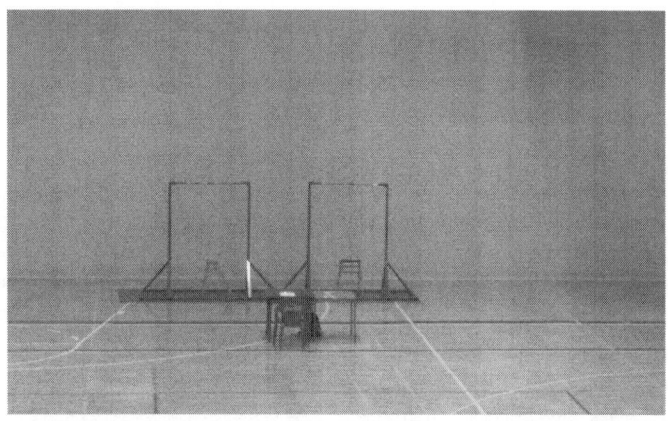

*Barras empleadas el día de las pruebas físicas oficiales*

La barra deberá estar a una distancia suficiente del suelo como para no tocar con los pies en el mismo una vez suspendidos mediante el agarre de manos. Se podrá alcanzar dicha barra haciendo un salto o subiéndose a una silla (o escalera). En ninguno de los dos casos se deberá sacar beneficio de ello. La posición inicial será con el cuerpo en suspensión, brazos extendidos y piernas extendidas o ligeramente flexionadas. Se deberá empezar el movimiento desde una posición completamente estática y con los brazos totalmente extendidos.

La prueba comenzará cuando el examinador dé la señal, una vez compruebe que el opositor está preparado en la posición inicial. Por lo general, las repeticiones serán contadas en voz alta. Cada vez que una repetición no sea correcta puede que el examinador repita el número de la anterior dominada, significando ello que la actual ha sido nula.

**Motivos por los cuales no serán contabilizadas las flexiones de brazos en barra:**

- Tocar el suelo a la hora de realizar la primera dominada o cualquiera de las posteriores.

- Tocar la silla o escalera cuando empiece el movimiento ascendente de cualquier dominada.

- Aprovechar el impulso del salto para hacer la primera dominada.

- Tocar la barra con la barbilla.

- Elevar las piernas a la hora de subir.

- No extender completamente los brazos en la fase negativa (de bajada), una vez que se vaya a empezar la siguiente dominada.

- No pasar el mentón por completo por encima de la barra.

- No llevar la vista al frente, buscando estirar el cuello para que la barbilla sobrepase la barra antes de tiempo.

El **agarre** debe ser en **pronación**, es decir, con el dorso de las manos hacia el opositor.

La **distancia entre manos** es a libre elección pero hay que tener en cuenta lo siguiente:

- A mayor separación, menor recorrido. Con este agarre habrá más implicación del dors al ancho y menos del bíceps,

- a menor separación entre manos, mayor recorrido. Así disminuye algo la implicación del dorsal y aumenta la del bíceps.

Para saber qué distancia conviene más a cada opositor, habrá que experimentar con diversas medidas y elegir la que menor esfuerzo suponga para producir un mejor resultado.

*Causa eliminatoria, apoyar el barbilla en la barra*

---

 Vídeo recomendado

- **Dominadas**:
  http://youtu.be/POiA-X_sSNI

Recuerda que...

Para que sean contabilizadas el total de dominadas, estas se deberán hacer con una buena técnica. Tanto a la hora de realizar la prueba como en los entrenamientos, es aconsejable mantener una buena posición corporal cumpliendo una serie de normas y no cogiendo malas costumbres:

- Evita balanceos e inercias que ayuden. La fuerza hay que hacerla con los brazos sin ayudarse de un movimiento de latigazo.

- Al subir, pasa completamente la barbilla por encima de la barra, sin llegar a tocarla con la misma.

- Tampoco se deberán elevar las rodillas

- Al bajar es obligatorio extender los brazos por completo para que sea considerada una repetición correcta.

# 3.2. Lanzamiento de balón medicinal (mujeres)

Esta prueba evalúa la fuerza de los miembros superiores, sobre todo, el dorsal ancho, pectoral, tríceps y abdominal. De forma secundaria, intervienen el hombro y lumbar.

Si la zona central del cuerpo está tonificada, será de gran ayuda a la hora de realizar este esfuerzo sin peligro a lesionarse.

Se trata de una contracción isotónica en las que hay una fase excéntrica (inclinación del trono hacia atrás) en la que los músculos principales se estiran, y otra fase concéntrica (inclinación hacia adelante), en la que estos se acortan y actúan para lanzar el balón.

Para realizar el test se necesitará un balón de 3 kilogramos de peso y una zona en la que pueda impactar sin peligro. La opositora debe colocar la punta de sus pies por detrás de la línea de lanzamiento. No deberá despegar por completo los pies del suelo y sobrepasar dicha línea. Tras realizar el lanzamiento del balón, se hallará la distancia alcanzada por medio de un metro,

La aspirante dispone de dos intentos, contabilizándose la mejor marca de ambos.

## Análisis de la técnica:

1. Coger el balón con ambas manos.

2. Elevarlo con los brazos estirados por encima de la cabeza.

3. Arquear ligeramente la espalda hacia atrás (extensión lumbar).

4. Mover el tronco hacia adelante por medio de una contracción abdominal.

*Lanzamiento, posición inicial*

*Lanzamiento, posición final*

Motivos por los cuales **no será válido** el lanzamiento de balón medicinal:

– Levantar en su totalidad los pies del suelo.

– Tocar con alguna parte del cuerpo el suelo por delante de la línea de lanzamiento.

# 4. Tercera prueba: Flexibilidad profunda

Esta prueba evalúa la flexibidad de la cadena posterior del cuerpo (isquiotibiales, gemelos, sóleos, glúteos, lumbares...). También intervienen los aductores, dado que las piernas están muy separadas entre sí.

Para su realización se necesitará una tabla con una regla móvil situada en el punto medio entre ambos pies. La prueba consiste en mover con los dedos de las manos lo máximo posible la regla, alejándola de los talones. Deberá realizarse sin impulso, de manera progresiva y continuada.

Para la ejecución el/la aspirante puede mover los brazos, flexionar el tronco y las rodillas, pero no puede separar del suelo ninguna parte de los pies antes de soltar el testigo.

Se dispone de dos intentos, contabilizándose la mejor marca de ambos.

*Flexibilidad, posición inicial*

*Flexibilidad, posición final*

Motivos por los cuales **no será válido** el test de flexibilidad:

– Apoyar los dedos en el testigo.

– No empujar el testigo con los dedos de las dos manos a la vez.

– Separar del suelo alguna parte de los pies antes de soltar el testigo.

– No abandonar el aparato por su frente.

*Causa eliminatoria, empujar el testigo solo con los dedos de una mano*

# 5. Cuarta prueba: Salto vertical

Esta es una prueba de potencia o fuerza explosiva del tren inferior, principalmente de los cuádriceps, isquiotibiales y gemelos. También será importante tener desarrollados los abdominales y lumbres ya que estos ejercen fuerza a la hora de realizar el impulso y elevar el cuerpo del suelo.

Para realizar el test será necesaria una pared con techo alto y un poco de talco (o tiza deshecha, en su defecto). También existen unas tablas de medición en centímetros como las de la foto.

*Salto vertical,*
*posición inicial de impulso*

*Salto vertical,*
*posición final de impulso*

*Salto vertical,*
*fase aérea*

El material utilizado en las pruebas oficiales es una pizarra negra lo suficientemente ancha y alta, así como talco blanco. Los examinadores tienen una pértiga que sirve para medir y borrar las marcas.

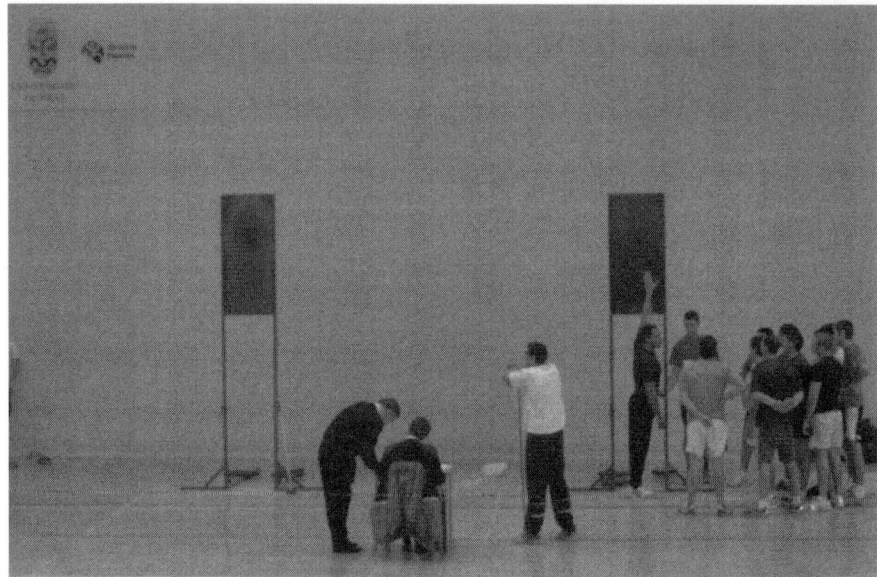

*Examinador explicando las normas de la prueba de salto vertical*

El opositor debe echarse talco en los dedos índice, corazón y anular. Una vez colocado tal y como dicen las bases, marcará la pared y procederá a separarse 20 cm de la misma. A continuación, debe realizar un salto y, en el punto más alto del mismo, tocará la pared marcándola con talco. La distancia saltada será la diferencia entre ambas marcas.

*Opositor haciendo la marca inicial con talco*

Análisis de la técnica

1. Colocarse en posición lateral a la pared, con los pies separados algo menos que la anchura de los hombros.

2. Elevar los brazos hasta la horizontal, quedando paralelos al suelo

3. Realizar estos dos movimientos a la vez:

   – Flexión de piernas hasta casi llegar a 90 grados (está prohibido levantar los talones del suelo).

   – Descenso de brazos sobrepasando la vertical, por detrás del cuerpo.

4. De f1orma explosiva, hacer una extensión de piernas y elevación de brazos hasta la vertical, el prolongación del cuerpo, para saltar y tocar la pared en el punto más alto. Al menos se elevará el brazo correspondiente a la mano que contactará con la pared.

En esta prueba se permite un segundo intento y se contabiliza la mejor de las marcas obtenidas.

Motivos por los cuales **no será válido** el salto vertical:

– No extender completamente el brazo para realizar la marca inicial.

– No realizar la segunda marca con los dedos mientras se realiza el salto.

# 6. Quinta prueba: Carrera de 1.000 metros

Consiste en una prueba que evalúa la **resistencia aeróbica y anaeróbica** por medio de una carrera a pie de dos vueltas y media a una pista de atletismo (medida oficial: 400 metros).

Debido al tiempo que puede durar la carrera de 1.000 metros, los suministros de energía suelen ser ATP, fosfocreatina, glucógeno muscular y hepático. Intervienen en menor medida las grasas ya que es una carrera de corta duración. Como hay un gran consumo de oxígeno ($VO_2$) y una acumulación de dióxido de carbono ($CO_2$), dado el elevado ritmo de carrera, aparecerá una sustancia limitante en el rendimiento llamada ácido láctico.

Con el fin de **entrenar el factor psicológico** de dar vueltas en un mismo recorrido, en vez de correr en línea recta variando el paisaje, es importante realizar el test de la misma forma.

Puede llevarse a cabo en una pista de atletismo o en otra zona. Lo importante es que la vuelta mida 400 metros aproximadamente. Hay parques con distancias ya medidas. También se puede calcular la distancia mediante un programa informático en una foto satélite de internet, a ser posible con forma ovalada (mejor que completamente redonda) ya que la pista donde se realizarán las pruebas físicas oficiales tiene esta forma de elipse.

Como hemos dicho anteriormente, es preferible entrenar la carrera por tierra o hierba para **evitar lesiones por sobrecarga** y que los impactos sobre el suelo no tengan tanta repercusión sobre las articulaciones de cadera, rodilla y tobillo. Una excepción puede ser el día que se realice el test, que será preferible que se haga sobre cemento, como el día de la prueba oficial.

***Entrenamiento de carrera en terreno blando
(tierra de un parque)***

Para la mejora de esta prueba se emplean ejercicios de musculación de todo el cuerpo, incluido el tronco (abdominales, lumbares, flexiones, etc.).

 Sabías que...

Un récord que llevaba años sin batirse en maratón se superó por el uso de ejercicios de musculación y pesas. Para la mejora de la carrera es importante el trabajo muscular y no solo aeróbico.

*Examen de carrera de 1.000 metros*

Para tener una referencia inicial, hay que finalizar la carrera completando el recorrido. De lo contrario, no se podría obtener el tiempo total que se ha tardado en recorrer esos 1.000 metros. Parece muy obvio pero personas que no están acostumbradas a correr, no son capaces de realizar esa distancia si han empezado con un ritmo demasiado alto. Si es necesario, se puede reducir el ritmo y caminar, no llegando a pararse nunca. Una vez recuperado, se podrá aumentar la marcha andada hasta alcanzar la modalidad de carrera para conseguir llegar al final.

Una buena información del ritmo de carrera implicaría apuntar los tiempos al pasar por la marca de los 200, 400, 600 y 800 metros (al menos de los 400 y 800 metros). De esta forma, se tendrían varias referencias para regular el ritmo al correr, no cansarse antes de tiempo ni, por el contrario, acabar la carrera sin haber usado todo el potencial aeróbico y anaeróbico.

Hay que saber analizar qué es lo más conveniente. Se puede empezar con un ritmo moderado y, progresivamente, ir aumentándolo; también se puede comenzar con ritmo alto y aguantar como bien se pueda. Esta última opción no es aconsejable si no se ha realizado un buen calentamiento ya que, de lo contrario, pueden aparecer efectos adversos como tirones, flatos, hiperventilación causada por no adaptarse a la subida de pulsaciones repentina, etc.

Al correr con más opositores, la forma fiable de **controlar el ritmo de los parciales** es mediante un reloj con cronómetro para comprobar los parciales que se van realizando. Esto servirá para no ir demasiado rápido si hay alguien que marca un ritmo de carrera demasiado elevado, o bien para no ir demasiado despacio si el ritmo de carrera general es más lento que el del aspirante en sí.

La salida se da con un pistoletazo electrónico y el grupo puede ser de unos 10-15 de corredores. Es conveniente correr por la calle 1 para no realizar más de 400 metros por vuelta, ya que las otras calles tienen algunos metros más y, de esta forma, se realizaría más de 1.000 metros en total.

*Cronómetro*

🡲 Recuerda que...

Es imprescindible acabar el recorrido de 1.000 metros para tener una referencia inicial con este test.

# CAPÍTULO 10

## Interpretación de los test: nivel de condición inicial

Lo primero a tener en cuenta es el estado de forma física actual. Para ello, el opositor deberá realizar un test inicial de las cinco pruebas físicas.

 Recuerda que...

Se deberán superar todas y cada una de las cinco pruebas físicas para conseguir aprobar esta fase de la oposición. Es suficiente con obtener la marca solicitada ya que no puntúa más el hecho de conseguir resultados más altos que los pedidos. No obstante, para que el opositor vaya tranquilo al examen, es aconsejable llevar bien preparadas todas las pruebas, habiendo obtenido marcas por encima de las solicitadas.

El test inicial es importante para que el usuario conozca su **estado físico de partida** y saber cómo adaptar los entrenamientos a ese nivel. Para evitar resultados indeseados, se recomienda elegir exactamente el entrenamiento correspondiente a dicho nivel. El hecho de elegir un nivel mayor no implica una mayor mejora, sino todo lo contrario. Puede llegar a haber un gran riesgo de lesión y, si esto sucede, conllevará un retroceso en el estado de la forma física hasta el momento.

Cada aspirante tendrá que **entrenar en base a sus marcas obtenidas en primera instancia** e irá mejorando para llegar con una buena puesta a punto al día de las pruebas físicas oficiales.

| Hombres de 16 a 24 años | | | | | |
|---|---|---|---|---|---|
| Marca / Prueba | Nivel muy bajo | Nivel bajo | Nivel medio | Nivel alto | Nivel muy alto |
| Carrera 50 m | más de 9.50 | 9.01 - 9.50 | 8.51 - 9.00 | 8.01 - 8.50 | 8.00 o menos |
| Dominadas | 3 o menos | 4 | 5 - 6 | 7 | 8 o más |
| Flexibilidad | menos de 14 | 14 - 17 | 18 - 21 | 22 - 25 | 26 o más |
| Salto | menos de 31 | 31 - 36 | 37 - 42 | 43 -47 | 48 o más |
| Carrera 1.000 m | más de 5:00 | 4:41 - 5:00 | 4:21 - 4:40 | 4:01 - 4:20 | 4:00 o menos |

| Hombres de 25 a 29 años | | | | | |
|---|---|---|---|---|---|
| Prueba \ Marca | Nivel muy bajo | Nivel bajo | Nivel medio | Nivel alto | Nivel muy alto |
| Carrera 50 m | más de 10.00 | 9.51 - 10.00 | 9.01 - 9.50 | 8.51 - 9.00 | 8.50 o menos |
| Dominadas | 0 - 1 | 2 | 3 - 4 | 5 | 6 o más |
| Flexibilidad | menos de 11 | 11 - 14 | 15 - 18 | 19 - 22 | 23 o más |
| Salto | menos de 27 | 27 - 32 | 33 - 38 | 39 -43 | 44 o más |
| Carrera 1.000 m | más de 5:10 | 4:51 - 5:10 | 4:31 - 4:50 | 4:11 - 4:30 | 4:10 o menos |

| Hombres de 30 años o más | | | | | |
|---|---|---|---|---|---|
| Prueba \ Marca | Nivel muy bajo | Nivel bajo | Nivel medio | Nivel alto | Nivel muy alto |
| Carrera 50 m | más de 10.50 | 10.01 - 10.50 | 9.51 - 10.00 | 9.01 - 9.50 | 9.00 o menos |
| Dominadas | 0 | 1 | 2 | 3 | 4 o más |
| Flexibilidad | menos de 8 | 8 - 11 | 12 - 15 | 16 - 19 | 20 o más |
| Salto | menos de 23 | 23 - 28 | 29 - 34 | 35 -39 | 40 o más |
| Carrera 1.000 m | más de 5:20 | 5:01 - 5:20 | 4:41 - 5:00 | 4:21 - 4:40 | 4:20 o menos |

| Mujeres de 16 a 24 años | | | | | |
|---|---|---|---|---|---|
| Prueba \ Marca | Nivel muy bajo | Nivel bajo | Nivel medio | Nivel alto | Nivel muy alto |
| Carrera 50 m | más de 10.50 | 10.01 - 10.50 | 9.51 - 10.00 | 9.01 - 9.50 | 9.00 o menos |
| Lanzam. balón | menos de 4,60 | 4,60 - 4,89 | 4,90, - 5,19 | 5,20 - 5,49 | 5,50 o más |
| Flexibilidad | menos de 14 | 14 - 17 | 18 - 21 | 22 - 25 | 26 o más |
| Salto | menos de 23 | 23 - 26 | 27 - 30 | 31 -34 | 35 o más |
| Carrera 1.000 m | más de 5:30 | 5:11 - 5:30 | 4:51 - 5:10 | 4:31 - 4:50 | 4:30 o menos |

| Mujeres de 25 a 29 años | | | | | |
|---|---|---|---|---|---|
| Marca<br>Prueba | Nivel muy bajo | Nivel bajo | Nivel medio | Nivel alto | Nivel muy alto |
| Carrera 50 m | más de 11.50 | 11.01 - 11.50 | 10.51 - 11.00 | 10.01 - 10.50 | 9.50 o menos |
| Lanzam. balón | menos de 4,35 | 4,35 - 4,64 | 4,65, - 4,94 | 4,95 - 5,24 | 5,25 o más |
| Flexibilidad | menos de 11 | 11 - 14 | 15 - 18 | 19 - 22 | 23 o más |
| Salto | menos de 20 | 20 - 23 | 24 - 27 | 28 -31 | 33 o más |
| Carrera 1.000 m | más de 5:40 | 5:21 - 5:40 | 5:01 - 5:20 | 4:41 - 5:00 | 4:40 o menos |

| Mujeres de 30 años o más | | | | | |
|---|---|---|---|---|---|
| Marca<br>Prueba | Nivel muy bajo | Nivel bajo | Nivel medio | Nivel alto | Nivel muy alto |
| Carrera 50 m | más de 11.50 | 11.01 - 11.50 | 10.51 - 11.00 | 10.01 - 10.50 | 10.00 o menos |
| Lanzam. balón | menos de 4,10 | 4,10 - 4,39 | 4,40 - 4,69 | 4,70 - 4,99 | 5,00 o más |
| Flexibilidad | menos de 8 | 8 - 11 | 12 - 15 | 16 - 19 | 20 o más |
| Salto | menos de 18 | 18 - 21 | 22 - 25 | 26 -29 | 31 o más |
| Carrera 1.000 m | más de 5:50 | 5:31 - 5:50 | 5:11 - 5:30 | 4:51 - 5:10 | 4:50 o menos |

*Nivel de forma física, relacionando la prueba realizada
y el resultado obtenido*

Ejemplo: opositora de 31 años con los siguientes resultados en el test inicial:

– Carrera 50 metros: 11,15 segundos (nivel bajo).

– Lanzamiento de balón: 4 m 45 cm (nivel medio).

– Flexibilidad: 30 cm (nivel muy alto).

– Salto: 19 cm (nivel bajo).

– Carrera 1.000 m: 4 minutos 58 segundos (nivel alto).

Tras saber el nivel en cada una de las pruebas, el opositor podrá **elegir la carga de los entrenamientos** en los programas que se incluyen en el presente libro. Ejemplo: un entrenamiento de carrera para un opositor que ha obtenido 6 minutos 10 segundos en un test de 1.000 metros (nivel muy bajo), será distinto de otro entrenamiento de un opositor de 23 años con una marca de 4 minutos 30 segundos (nivel medio). El primero necesitará caminar a ritmo medio para aguantar el tiempo indicado (p. ej. 50 minutos) y el segundo podrá realizar ese mismo tiempo corriendo a ritmo alto.

**Es conveniente que cada uno elija el entrenamiento según su nivel**. De lo contrario, si se rigiese por un nivel mayor, podría lesionarse. Si el nivel de entrenamiento elegido fuese menor que el que le corresponde, no mejoraría o incluso podría empeorar su rendimiento actual. Con esta guía se podrá avanzar de forma segura y afianzando los resultados.

# CAPÍTULO 11

# Nutrición y suplementos deportivos

## Índice

# 1. Los grupos y tipos de alimentos

Es un hecho más que demostrado el que la alimentación de un deportista va a influir mucho en su **rendimiento deportivo**. Si se suministran los nutrientes necesarios para el buen funcionamiento del organismo, las posibilidades de éxito se multiplican. Por ello es muy importante consumir una **dieta sana y equilibrada**. De lo contrario, el entrenamiento no causará el mismo efecto.

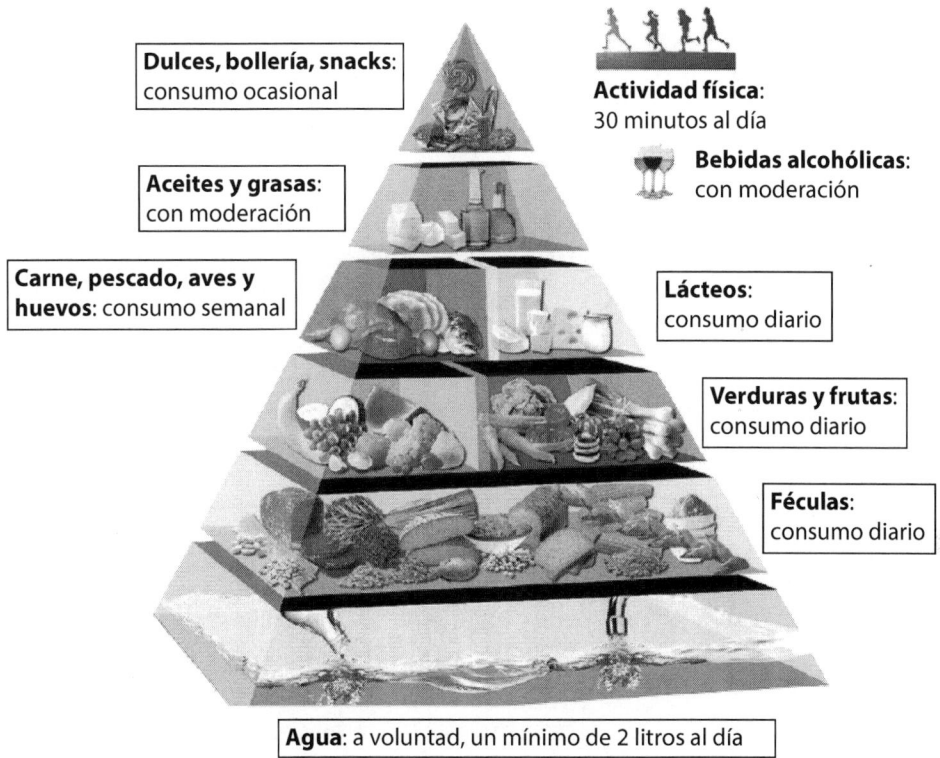

**Dulces, bollería, snacks**: consumo ocasional

**Actividad física**: 30 minutos al día

**Bebidas alcohólicas**: con moderación

**Aceites y grasas**: con moderación

**Carne, pescado, aves y huevos**: consumo semanal

**Lácteos**: consumo diario

**Verduras y frutas**: consumo diario

**Féculas**: consumo diario

**Agua**: a voluntad, un mínimo de 2 litros al día

Para realizar una correcta alimentación conviene conocer qué tipo de alimentos existen y de dónde provienen.

La conocida "pirámide de los alimentos" los clasifica en siete grupos:

- **Grupo I.** Dulces y snacks. Alimentos energéticos. En ellos predominan los lípidos.

- **Grupo II.** Mantecas y aceites. Alimentos energéticos. En ellos predominan los lípidos.

- **Grupo III.** Carnes pescados y huevos. Alimentos plásticos. En ellos predominan las proteínas.

- **Grupo IV**. Leche y derivados. Son alimentos plásticos. En ellos predominan las proteínas.

- **Grupo V**. Verduras y frutas. Alimentos reguladores. En ellos predominan las vitaminas y minerales.

- **Grupo VI**. Legumbres, hortalizas, frutos secos y patatas. Alimentos energéticos, plásticos y reguladores. En ellos predominan los glúcidos pero también poseen cantidades importantes de proteínas, vitaminas y minerales.

- **Grupo VII**. Féculas y cereales. Alimentos energéticos. En ellos predominan los glúcidos.

# Clasificación de los alimentos

## A) Según su origen

- Los de origen vegetal: verduras, frutas, cereales.

- Los de origen animal: carnes, leche, huevos.

- Los de origen mineral: aguas y sales minerales.

Cada uno de estos alimentos proporciona a nuestro organismo sustancias que son indispensables para su funcionamiento y desarrollo.

Estas sustancias son:

- Los hidratos de carbono (pan, harinas, azúcares, pastas), de alto valor energético.

- Las proteínas (carnes, huevos, lácteos, legumbres) necesarios para el crecimiento y formación de los tejidos.

- Los lípidos (grasas y aceites) productores de energía.

- Aguas y sales minerales en proporciones variables para el equilibrio de las funciones del organismo.

- Las vitaminas, sustancias químicas complejas, en cantidades mínimas, pero indispensables para el buen estado del organismo.

## B) Según su descripción

- Alimentos lácteos (leche, caseína, crema, manteca, queso).

- Alimentos cárnicos y relacionados (carne, huevos).

- Alimentos farináceos (cereales, harinas).

- Alimentos vegetales (hortalizas, y frutas) .

- Alimentos azucarados (azúcares, miel).

- Alimentos grasos (aceites alimenticios, grasa alimenticias, margarina).

- Bebidas (bebidas alcohólicas, o sin alcohol, jarabes, jugos vegetales, bebidas fermentadas, vinos y productos afines, licores).

- Productos estimulantes y fruitivos (cacao y chocolate, café y sucedáneos, té, hierba mate).

- Correctivos y coadyuvantes (especias o condimentos vegetales, hongos comestibles, levaduras, fermentos y derivados, sal y sales compuestas, salsas, aderezos o aliños, vinagres).

Una buena alimentación debe ser equilibrada y completa, es decir deben estar presentes todos los grupos mencionados y cubrir todas las necesidades del individuo.

# 2. Necesidades nutricionales para la práctica deportiva

Una alimentación adecuada es una gran ayuda para los deportistas. En el caso de los que se preparan para unas pruebas físicas de una oposición, tiene un objetivo: ayudarles a mejorar sus marcas. Para los aficionados que practican deporte con la idea de mejorar su salud o su figura o por pasatiempo, el objetivo de una alimentación adecuada es satisfacer las necesidades nutritivas, evitando tanto las carencias como los excesos. Así pues, en consecuencia, es importante que todos los deportistas lleven una alimentación adecuada, más aún si son opositores.

- **Energía**. Las necesidades nutricionales dependen de la edad, peso, estilo de vida, estado de salud, y sobre todo, del tipo de actividad física. La dieta debe ser equilibrada para conseguir un óptimo rendimiento deportivo. La ingesta energética debe cubrir el gasto calórico y permitir al deportista mantener su peso corporal ideal.

- **Hidratos de carbono**. La ingesta óptima de carbohidratos en los opositores a este Cuerpo debe estar en un 50-60 % del total de las calorías ingeridas, en proporción del 10 % los hidratos de carbono simples o de asimilación rápida (dulces, azúcar…) y el porcentaje restante para los hidratos de carbono complejos o de asimilación lenta (cereales y derivados, patatas, verduras…). En general, los deportistas deberían consumir una dieta alta en carbohidratos para mantener en niveles óptimos la disponibilidad de glucógeno muscular durante períodos de entrenamiento y competición, teniendo así una mayor resistencia deportiva.

- **Proteínas**. Se recomienda que las proteínas impliquen el 10-15 % de la cantidad de energía necesaria diaria. Suele darse el caso de que el deportista, ansioso de mejorar su desarrollo muscular, exagere la ingesta de proteínas. No obstante, las necesidades no superan los 2 g de proteínas por kg de peso y día (excepto en deportes de fuerza que pueden llegar hasta 3 gramos). Estos requerimientos son cubiertos por la ingesta razonable de carne, huevos, pescado y productos lácteos. Un exceso de proteínas en la alimentación puede ocasionar una acumulación de desechos tóxicos y otros efectos perjudiciales para la buena forma del deportista.

- **Lípidos o grasas**. Las recomendaciones de grasas para deportistas son 30-35 % de las calorías totales diarias. Tanto un aporte en exceso como en déficit de grasa pueden conllevar efectos negativos para el organismo. Si el contenido de lípidos de la dieta fuese reducido, existiría el riesgo de sufrir deficiencias en vitaminas liposolubles y ácidos grasos esenciales. Si por el contrario la dieta contuviese un exceso de grasa, el rendimiento físico es menor y el deportista sería propenso a una serie de alteraciones como la obesidad, problemas digestivos y cardiovasculares.

- **Agua**. En condiciones normales, necesitamos sobre dos o tres litros de agua diarios para mantener el equilibrio hídrico. En el caso de un esfuerzo físico importante y/o condiciones altas de temperatura y humedad, las necesidades de agua aumentan, pudiendo perderse hasta más de dos litros por hora. Un alto desequilibrio hídrico puede mermar nuestro rendimiento físico e incluso llegar a causar daños irreversibles por deshidratación. Es aconsejable beber antes, durante y después del ejercicio físico, sobre todo en los deportes de larga duración.

- **Minerales**. Las necesidades de calcio aumentan en mujeres con una gran actividad deportiva, en las que suele producirse amenorrea (ausencia de la menstruación). Dicho incremento del consumo de este mineral servirá para compensar sus bajos niveles de estrógenos y su menor poder de absorción intestinal de calcio. Con este efecto, se recomienda una alimentación rica en productos lácteos (leche, queso, yogur…). Las necesidades de hierro son mayores en personas que practican habitualmente deporte que en personas sedentarias. Esto se debe a que sus pérdidas son superiores y a que tienen unos niveles mayores de hemoglobina en sangre. Además, las mujeres deberán compensar las pérdidas que se produzcan a través de la menstruación. Por lo tanto, mujeres deportistas deberán aumentar el consumo de alimentos ricos en hierro (legumbres, carne, huevos…).

– **Vitaminas**. La capacidad física disminuye cuando hay una carencia de vitaminas. En función de este hecho se ha extendido el pensamiento de que un suplemento vitamínico puede incrementar el rendimiento en una práctica deportiva. Sin embargo, los estudios realizados no corroboran que una adición de vitaminas mejore el rendimiento físico.

Un aporte suplementario de vitaminas solo puede ejercer un efecto beneficioso en el rendimiento de las personas que tengan un déficit vitamínico, y hasta que se eleven sus valores a la normalidad. Pero una persona alimentada de forma equilibrada no tendrá dicha carencia.

 Sabías que…

Un gramo de hidratos de carbono y de proteínas son 4 kilocalorías. Sin embargo, un gramo de grasas son 9 kcal.

Por lo tanto, se llegará rápidamente al 30-35 % de calorías recomendadas con poca cantidad de alimentos ricos en lípidos.

# 3. Reparto diario de comidas

El reparto del total energético en el transcurso del día es extremadamente importante para una buena utilización de todos los nutrientes ingeridos.

El número de comidas diarias debería ser cinco, tanto para mantener nuestro peso como para reducirlo o aumentarlo. A igual proporción, a un mayor número de comidas corresponde un rendimiento mejor, se evitan así las fatigas digestivas y los accesos de hipoglucemia. Además, mantendremos en constante funcionamiento nuestro organismo y nuestra tasa metabólica basal será elevada (es lo que quemamos en reposo con las funciones vitales básicas, como la respiración, la digestión…).

En la comida anterior al entrenamiento, es importante ingerir alimentos ricos en hidratos de carbono complejos. Esta deberá ser realizada 1 hora y media antes de la práctica deportiva.

A medida que vaya avanzando el día, es aconsejable que disminuyamos el consumo de hidratos de carbono y grasas y que aumentemos la ingesta de proteínas. A este efecto, la cena deberá contener una mayor proporción de proteínas, tanto vegetales como animales.

Una buena distribución de la energía consistiría en efectuar cinco comidas diarias.

- Desayuno: 15-25 %

- Almuerzo media mañana: 10-15 %

- Comida mediodía: 25-35 %

- Merienda media tarde: 10-15 %

- Cena: 15-20 %

Un estado nutricional óptimo no se alcanza mediante las comidas previas a la competición, ni siquiera con las ingestas de las anteriores a la prueba. Un buen estado de nutrición es el resultado de unos hábitos alimentarios practicados adecuadamente y durante mucho tiempo, con regularidad, no una cuestión de unas pocas comidas. No obstante, para personas que siguen una correcta alimentación, sí influye que los tres días anteriores a la prueba hagan una "supercompensación" de hidratos de carbono complejos (aumento del consumo de los carbohidratos complejos o de lenta asimilación, con el fin de reponer los depósitos de glucógeno muscular).

 Recuerda que...

La alimentación va a ayudar considerablemente al logro de resultados deportivos y a la mejora de las marcas en las pruebas físicas.

# 4. Pautas nutricionales

Habrá opositores que necesiten adelgazar para estar más ligeros a la hora de realizar las pruebas físicas. A otros, en cambio, les vendrá bien ganar un poco de peso corporal y masa muscular para tener la suficiente fuerza y energía para lograr el éxito. Quienes ya tienen un peso adecuado, pueden **formar masa muscular y perder grasa corporal** para que su cuerpo sea más eficiente.

A continuación se citan unas pautas y dietas tipo para los diferentes casos de opositores. Se tomará como referencia un hombre adulto de 70 kg de peso corporal.

## A) Caso 1: opositor que necesita reducir su peso

El hecho de que un aspirante tenga exceso de peso no es conveniente porque será más lento y menos ágil a la hora de realizar las pruebas físicas.

Las recomendaciones para este tipo de opositor son:

– Debe procurar que no pasen más de 3 horas entre una comida y otra. Así logrará hacer 5-6 comidas diarias y mantener en constante funcionamiento su metabolismo. Cuando se suministran alimentos al organismo cada mucho tiempo (periodos de muchas horas sin comer), este los acumula en forma de grasa como mecanismo de defensa para "sobrevivir" sin alimento mientras tanto.

Otra ventaja de hacer un mayor número de comidas es que, con cada digestión, el cuerpo "quema" calorías.

– Si alguna vez siente mucha hambre antes de hacer una comida, deberá tomar una manzana acompañada de dos vasos de agua con el fin de saciar el exceso de apetito. Esto provocará saciedad y evitará la ansiedad, comer demasiado rápido y atiborrarse de alimentos.

– Debe evitar consumir hidratos de carbono (pasta, arroz, pan, patata…) en las horas previas a acostarse, ya que estos se acumulan en forma de grasa si no se queman por estar en un estado de reposo. Las dos comidas anteriores a dormir deberían estar basadas en proteínas (carne, pescado, huevos). Pueden ir acompañadas de ensalada o verdura.

– Es muy importante beber al menos 2 litros de agua diarios, sobre todo entre comidas. Al ingerir mucha proteína, el cuerpo necesita agua para filtrarla. Cuando se tome algo fuera de casa, se debe elegir bebidas bajas en calorías y sin gas: té sin azúcar, zumo natural recién exprimido o alguna bebida isotónica.

– Debido a la consiguiente retención de líquidos, deberá reducirse la ingesta diaria de sal y de alimentos que la contengan en exceso (cubitos de caldo de carne o pescado, mostaza, patatas fritas, frutos secos, bacalao salado, salsa de soja, galletas saladas, anchoas en aceite…).

- Los dulces están prohibidos (bollería, chocolate, azúcar refinado, chucherías, pasteles, tartas, etc.).

- Evitar el pan en las comidas principales.

- Cocinar al horno, al vapor, cocido, a la parrilla y la plancha con el mínimo aceite y siempre de oliva (echando una cucharadita en la sartén y restregándolo con una servilleta).

- Es aconsejable comer 4-5 raciones diarias de frutas y verduras.

- Es preferible usar sacarina en vez de azúcar.

- No utilizar salsas ni aceite para aderezar la comida; solo limón, una pizca de sal y vinagre (no crema balsámica).

- Se recomienda tomar una infusión después de la comida y cena (té, cola de caballo, diente de león...). Tienen propiedades digestivas y diuréticas.

- Se puede hacer una comida que no sea de dieta a la semana, pero en cantidad moderada.

- Para conseguir aún más resultados, se recomienda el uso de algún suplemento como un quemador de grasa, l-carnitina...

- Es muy importante ingerir una comida extra que sea rica en proteína justo después de entrenar. La razón es que el cuerpo está en fase de catabolismo y tiene mayor facilidad de asimilación de nutrientes y repara los músculos favoreciendo la recuperación entre entrenamientos (puede ser un suplemento de batido de proteína o el equivalente en alimentos). Para dicha ingesta, se recomienda que no pase más de media hora tras finalizar el entrenamiento.

| | Lunes | Martes | Miércoles | Jueves | Viernes | Sábado | Domingo |
|---|---|---|---|---|---|---|---|
| **Desayuno** | Leche con cereales | Zumo natural y tostada jamón | Leche con cereales | Zumo natural y tostada jamón | Leche con cereales | Zumo natural y tostada jamón | Leche con cereales |
| **Almuerzo** | Sandwich pavo y 2 frutas | Sandwich pavo y 2 frutas | Sandwich pavo y 2 frutas | Sandwich pavo y 2 frutas | Sandwich pavo y 2 frutas | Sandwich pavo y 2 frutas | Sandwich pavo y 2 frutas |
| **Comida** | Ensalada y arroz con pollo | Legumbres y pescado a la plancha | Ensalada y pasta con verduras | Legumbres y pescado cocido | Verduras y patatas con carne | Ensalada y pescado a la plancha | Verduras y pavo al horno |
| **Merienda** | Lata atún y 2 frutas | 2 claras cocidas y 2 frutas | Lata atún y 2 frutas | 2 claras cocidas y 2 frutas | Lata atún y 2 frutas | 2 claras cocidas y 2 frutas | Lata atún y 2 frutas |
| **Cena** | Puré verduras y tortilla de 3 claras | Ensaladas y carne a la plancha | Puré de hortalizas y pescado a la plancha | Menestra verduras y tortilla de 3 claras | Ensaladilla y pollo a la plancha | Puré verduras y tortilla de 3 claras | Caldo de pollo y pescado a la plancha |

*Ejemplo de dieta de 2000-2200 kilocalorías para adelgazar y perder grasa dirigido a un sujeto con un mayor gasto calórico*

## B) Caso 2: opositor que necesita aumentar su peso

Una extrema delgadez también es perjudicial a la hora de superar con éxito las pruebas físicas ya que es conveniente tener energía y una buena masa muscular para realizar los entrenamientos.

Las recomendaciones que este tipo de opositor debe tener en cuenta son:

– Debe procurar que no transcurran más de 3 horas entre una comida y otra. Así logrará hacer 5-6 comidas diarias y evitar la fase catabólica (destrucción del músculo) y se promoverá la anabólica (creación de masa muscular) al tener un suministro de nutrientes constante.

– Debe aumentar la cantidad de calorías diarias por medio de la ingesta de hidratos de carbono compuestos (pasta, arroz, pan, patata…) y, sobre todo, de proteínas (carne, pescado, huevos, legumbres...).

– Es muy importante beber al menos 2 litros de agua diarios, sobre todo entre comidas. Al ingerir mucha proteína, el cuerpo necesita agua para filtrarla. Cuando se tome algo fuera de casa, se debe elegir bebidas bajas en calorías y sin gas: té sin azúcar, zumo natural recién exprimido o alguna bebida isotónica.

– La comida anterior a acostarse debería ser rica en proteínas y, si contiene hidratos de carbono, que sea poca cantidad ya que estos se acumulan en forma de grasa por inactividad de las posteriores horas.

– Debido a la consiguiente retención de líquidos, deberá reducirse la ingesta diaria de sal y de alimentos que la contengan en exceso (cubitos de caldo de carne o pescado, mostaza, patatas fritas, frutos secos, bacalao salado, salsa de soja, galletas saladas, anchoas en aceite…).

– Se recomienda cocinar al horno, al vapor, cocido y la plancha con el mínimo aceite (siempre de oliva).

– Se pueden comer frutos secos pero con moderación. Contienen proteínas pero también mucha grasa.

– Si se pretende ganar masa muscular libre de grasa, deben evitarse los dulces y las salsas en las comidas. Estos tipos de alimentos tapan mucho los músculos y no permiten que sean visibles.

– Coma 4-5 frutas diarias y/o verduras diarias.

– Para aderezar se puede usar un poco de aceite de oliva, una pizca de sal y vinagre (no crema balsámica).

– Se puede tomar café con moderación.

– Se pueden hacer dos comidas que no sean de dieta a la semana, pero en cantidad moderada.

– Para conseguir mayores resultados, se recomienda el uso de suplementos nutricionales como batidos de proteína y de carbohidratos, creatina...

– Es muy importante ingerir una comida extra que sea rica en proteína justo después de entrenar. La razón es que el cuerpo está en fase de catabolismo y tiene mayor facilidad de asimilación de nutrientes y repara los músculos favoreciendo la recuperación entre entrenamientos (puede ser un suplemento de batido de proteína o el equivalente en alimentos). Para dicha ingesta, se recomienda que no pase más de media hora tras finalizar el entrenamiento.

| | Lunes | Martes | Miércoles | Jueves | Viernes | Sábado | Domingo |
|---|---|---|---|---|---|---|---|
| **Desayuno** | Tortillas de 3 claras y leche con cereales | Zumo natural, tostada jamón y 1 plátano | Tortillas de 3 claras y leche con cereales | Zumo natural, tostada jamón y 1 plátano | Tortillas de 3 claras y leche con cereales | Zumo natural, tostada jamón y 1 plátano | Tortillas de 3 claras y leche con cereales |
| **Almuerzo** | Sandwich pavo, 2 claras cocidas y 2 frutas | Sandwich pavo y 2 frutas | Sandwich pavo, 2 claras cocidas y 2 frutas | Sandwich pavo y 2 frutas | Sandwich pavo, 2 claras cocidas y 2 frutas | Sandwich pavo y 2 frutas | Sandwich pavo, 2 claras cocidas y 2 frutas |
| **Comida** | Ensalada y arroz con pollo | Legumbres y pescado a la plancha con patatas | Ensalada y pasta con verduras y carne | Legumbres y pescado cocido con patatas | Verduras y patatas con carne | Ensalada de pasta y pescado a la plancha | Verduras y pavo al horno |
| **Merienda** | Lata atún, 2 tostadas y 2 frutas | 2 claras cocidas, 2 tortitas de arroz y 2 frutas | Lata atún, 2 tostadas y 2 frutas | 2 claras cocidas, 2 tortitas de arroz y 2 frutas | Lata atún, 2 tostadas y 2 frutas | 2 claras cocidas, 2 tortitas de arroz y 2 frutas | Lata atún, 2 tostadas y 2 frutas |
| **Cena** | Puré verduras y pescado a la plancha | Ensaladas y ternera a la plancha | Puré de hortalizas y pescado a la plancha | Menestra verduras y tortilla de 3 claras | Ensaladilla y pollo a la plancha | Puré verduras y tortilla de 3 claras | Caldo de pollo y pescado a la plancha |

*Ejemplo de dieta de 2800-3000 kilocalorías para aumentar peso y masa muscular dirigida a un sujeto con un menor gasto calórico*

Sabías que...

La forma de calcular cuánta agua debe beber una persona es dividiendo su peso corporal entre 30. Así pues, un sujeto de 75 kilogramos deberá beber 2,5 litros de agua al día.

# 5. Alimentación después del ejercicio físico

La alimentación que tiene lugar tras un entrenamiento o después de una competición tiene tanta importancia como la que se lleva a cabo antes del mismo. Si la alimentación tras el ejercicio no es la adecuada, ni se ingieren los líquidos perdidos, el deportista no se va a recuperar adecuadamente o va a necesitar un mayor periodo de tiempo para conseguir estar a punto, por lo que en el entrenamiento o la competición siguiente no va a obtener el rendimiento deseado.

Es importante tomar alimentos ricos en hidratos de carbono como pan, patatas, pasta, arroz, fruta... durante los 15 minutos siguientes a un entrenamiento o competición, así como a las 2 y a las 4 horas de haber finalizado el ejercicio, de modo que los músculos puedan recuperar el glucógeno perdido. Pero en una dieta de recuperación también es importante no olvidar las proteínas, ya que algunas pueden hacer que la recuperación del glucógeno durante las primeras horas después de la competición sea más rápida. Un buen modo de ingerir alimentos proteicos es combinándolos con los ricos en hidratos de carbono obteniendo así platos tan variados como bocadillos de jamón o pavo, cereales con leche, carne o pescado con patatas...

Pero además es importante tener en cuenta que con el sudor se pierden también electrolitos como potasio y sodio por lo que es importante recuperarlos mediante la dieta. Son alimentos ricos en potasio y compatibles con una dieta de recuperación, las patatas, el plátano o los zumos de frutas, mientras que el sodio está presente en alimentos como el queso, el pan o las galletas saladas.

Después de hacer ejercicio deberíamos ingerir proteínas de alta calidad. Todas las actividades deportivas dañan las células musculares y cuanto más intensa sea el ejercicio, mas daños ocasionaran. Las proteínas adecuadas ayudan a las células a repararse.

Una hora y media o dos después de acabar el ejercicio es muy recomendable tomar bebidas ricas en proteínas (si es en polvo mejor) así como combinar un vaso de leche o un yogurt.

Para mantener o incrementar la masa muscular necesitas entre 1,25 y 1,50 gramos de proteína por kilo de peso (1,25 g/kg para deportes con balón y 1,50 g/kg para la musculación, maratones...).

# 6. La cafeína y el rendimiento

La cafeína tiene efectos positivos como estimular el sistema nervioso, aumentar la atención, la alerta y la habilidad mental.

El consumo de cafeína también tiene efectos negativos como la producción de ansiedad en algunas personas, desórdenes gastrointestinales, nerviosismo, irritabilidad, insomnio e incapacidad para concentrarse. El uso de la cafeína en los deportistas ha provocado mucha controversia, ya que los efectos negativos pueden alterar el rendimiento de los deportistas. Algunos estudios muestran que el consumo de la cafeína antes del ejercicio, puede aumentar el rendimiento del deportista, sin embargo, otros estudios muestran que la cafeína no beneficia en nada a los atletas. Debido a estos estudios, existen muchas teorías sujetas a discusión.

Conviene tener en cuenta los siguientes consejos si se va a consumir cafeína antes del ejercicio:

- La cafeína es un diurético que produce un desequilibrio hídrico. Es necesario beber líquidos extra para compensar las pérdidas.

- Un consumo de 3-6 miligramos de cafeína por kilogramo de peso corporal una hora antes del ejercicio, puede mejorar la resistencia en actividades que duran más de una hora.

- Consumir dosis de cafeína mayores a 6 miligramos por kilogramo de peso corporal puede producir los citados efectos negativos.

Nunca se debe probar el consumo de cafeína por primera vez antes de una competición. Los efectos psicológicos varían dependiendo de la persona y depende de la dosis, de la frecuencia con que se ingiera cafeína, de los niveles de ansiedad de cada individuo y de la composición corporal.

La cafeína está totalmente contraindicada en personas con cistitis y en las que padezcan enfermedades del corazón.

# CAPÍTULO 12

## Hidratación del deportista

# 1. Introducción

El agua es el principal componente del cuerpo, en la proporción de un 60-70 %. La calidad de los tejidos, su funcionamiento y su resistencia a enfermedades dependen de la calidad y cantidad del agua bebida. Hay muchos órganos humanos compuestos de agua:

- los huesos tienen un 25 % de agua,

- los músculos un 75 %,

- el cerebro un 76 %,

- la sangre un 82 %,

- los pulmones un 90 %...

Esto demuestra que el primer y el más esencial nutriente es el **agua**. Simple y ordinaria.

Excepto que, y es una gran excepción, esta agua necesita estar limpia, pura, y libre de contaminantes. En nuestro mundo moderno, la mejor opción de agua pura y limpia es el agua destilada a base de vapor. El cuerpo está compuesto de casi 75 % de agua, necesitamos por lo menos 8-10 vasos de agua por día para reaprovisionar el agua perdida a través de excreción y transpiración. La sangre es conocida como el líquido de la vida. El agua también es conocida como el líquido de la vida. Agua pura constituye la pureza y la salubridad de la sangre.

No hay duda de que lo que un deportista come y bebe puede afectar a su salud, a su peso y composición corporal, a la disponibilidad de sustratos durante el ejercicio, al tiempo de recuperación tras el ejercicio y, por último, a la realización del propio ejercicio.

El deportista que quiere optimizar sus resultados necesita seguir una buena nutrición e hidratación, usar suplementos y ayudas ergogénicas con cuidado, minimizar las grandes pérdidas de peso, así como comer cantidades adecuadas de diferentes alimentos. Este trabajo se centra en el análisis de uno de estos aspectos que pretenden mejorar el rendimiento de nuestros deportistas: **la hidratación.**

Dado que esta revisión trata acerca de la hidratación, es inevitable empezar hablando del agua, componente más abundante del organismo humano (aproximadamente un 65 % de nuestro cuerpo es agua), de ahí que se considere al ser humano, al igual que a cualquier otro organismo vivo, como una solución acuosa contenida dentro de su propia superficie corporal, o mar interno comunicado por multitud de fluidos acuosos.

El agua corporal contiene, en solución, electrolitos y otros solutos. Forma el líquido extracelular con el sodio como electrolito de mayor concentración y el intracelular con el potasio como electrolito más concentrado.

El agua es un nutriente no energético pero fundamental para que nuestro organismo se mantenga correctamente estructurado y en perfecto funcionamiento. Las diferencias en el agua corporal total entre distintos individuos se deben en gran parte a las variaciones en su composición corporal, es decir, se producen por diferencias en la relación existente entre tejido graso y tejido magro.

El músculo es agua en un 75 % de su peso, mientras que el agua supone solo un 20-25% del peso de la grasa. Así, resulta fácil comprender que los factores más importantes en cuanto a la influencia del contenido de agua corporal son el sexo, la edad y el peso.

De la misma forma que el agua es esencial para el organismo, el mantenimiento del **equilibrio hídrico** es fundamental para cualquier ser humano. Todo desequilibrio del mismo puede afectar negativamente al rendimiento físico y atentar contra la salud del organismo.

El consumo o ingesta hídrica procede principalmente de tres fuentes: bebidas, alimentos y agua metabólica resultante de las reacciones químicas que se suceden en nuestro organismo. Mediante el control del peso corporal antes y después del ejercicio, podemos intuir cuál ha sido el grado de deshidratación del sujeto.

# 2. Bebidas isotónicas para una correcta hidratación

La base fundamental de las bebidas de reposición está dada por la presencia de carbohidratos, vitaminas y minerales disueltos en el agua.

En la actualidad existen diferentes tipos de bebidas recuperadoras de carácter comercial, pero todas con las características antes expuestas en su constitución.

# 3. ¿Cómo podemos suplir estas bebidas comerciales en la base?

A continuación se exponen algunas formas de elaboración:

- Se puede utilizar un sobre de sales de hidratación oral en un litro de agua o jugo de fruta natural.

- A un litro de agua o jugo natural agregar 20 gramos de fosfato de glucosa, 3,5 gramos de cloruro de sodio (sal común), 2,5 gramos de bicarbonato de sodio, 1,5 gramos de potasio, se le puede incluir una tableta de polivitaminas y minerales.

- A un litro de agua o jugo de frutas agregar 20 gramos de glucosa, 0,3 gramos de vitamina C, 2 gramos de fosfato ácido de sodio, 2 gramos de cloruro de sodio y 2 gramos de magnesio y de potasio, puede incluir 20 miligramos de vitamina C y 0,3 gramos de vitamina B1.

Dentro de estos parámetros el entrenador o el atleta puede elaborar diferentes bebidas para la hidratación. Es importante destacar que con ellas se restituye la pérdida de agua, electrolitos y se produce la reposición calórica con los carbohidratos.

# 4. ¿Cuándo ingerir estos líquidos?

Resulta conveniente tomar líquido (o seguir tomándolo durante la actividad, entre 150 a 200 mililitros cada 15 a 20 minutos de ejercicios) y tras finalizar la misma y en dependencia de la intensidad y duración. La medida podría estar en la recuperación casi completa del peso corporal, menos 250 gramos, y en la recuperación fisiológica. Es importante que la ingestión se realice a pequeños sorbos ya que esta pauta acelera el vaciado gástrico.

# 5. Cómo hidratarse

- **Antes del ejercicio.** Tomar medio litro de líquido antes de ir a dormir la noche antes de la competición, por lo menos otro ½ litro al levantarse en la mañana para garantizar el equilibrio de líquidos en el cuerpo. Posteriormente se deberá beber de ½ litro a 1 litro aproximadamente 1 hora antes del evento y de ¼ a ½ litro 20 minutos antes.

- **Durante el ejercicio.** Los atletas deben empezar a tomar líquidos antes del ejercicio y en intervalos regulares durante el mismo, para reemplazar toda el agua que se pierde a través del sudor y lo ideal es hacerlo de 1 vaso a 2 vasos cada 15 o 20 minutos (o en cada estación durante la carrera)

  Se recomienda que los líquidos estén más fríos que la temperatura ambiente (entre 15-22 ºC) y que tengan buen sabor para incrementar el deseo de beber y promover que el reemplazo de líquidos sea suficiente.

- **Después del ejercicio.** Lo ideal es tomar líquidos ricos en azúcares (sobre todo en glucosa) ya que además de ayudar a establecer el equilibrio de líquidos en el cuerpo, los azúcares contenidos en el líquido vuelven a abastecer las reservas de carbohidratos perdidos durante la carrera de una manera rápida.

 Sabías que...

En los últimos 20 años numerosas investigaciones han reflejado los efectos beneficiosos de la nutrición durante la realización de ejercicio físico.

# 6. ¿Qué pasa si una persona se hidrata?

- Mantiene el volumen de líquidos y electrolitos en equilibrio.

- Retrasa la fatiga.

- Tiene un óptimo rendimiento.

- Evita síntomas como calambres, mareos, enrojecimiento de la piel, y náuseas, entre otros.

# 7. ¿Qué pasa si no se hidrata?

– Provocará deshidratarse y su sangre se hará cada vez más espesa, siendo más difícil el transporte de oxígeno y glucosa hacia las células.

– Se fatigará pronto.

– Su cuerpo se sobrecalentará y sudará en exceso tratando de bajar la temperatura corporal.

– Tendrá calambres, mareos, visión borrosa, náuseas y falta de coordinación.

# 8. El agua en el organismo

Las funciones más importantes que el agua ayuda a realizar en el organismo son:

– La respiración.

– La digestión.

– La regulación de la temperatura del cuerpo.

– Es esencial para transportar nutrientes como el oxígeno y las sales minerales, en la sangre.

– Ayuda a mantener el equilibrio y la presión sanguínea.

– Regula la acidez estomacal.

- Mantiene el metabolismo.

- Ayuda a regular todas las reacciones del cuerpo.

El agua es fundamental para equilibrar las reacciones enzimáticas. El agua debe contener sodio, potasio y cloro, para que el riñón no la elimine completamente a través de la orina. El sodio, que se encuentra en el agua, es el soluto más importante para el balance hidroelectrolítico del cuerpo, fundamental para mantener el organismo en un perfecto equilibrio", explica.

El especialista recomienda consumir dos litros y medio de agua diarios, sobre todo en verano, cuando a través de la transpiración se pierde un alto porcentaje de agua. Esto es, alrededor de 1,5 ml por kilo de peso corporal al día. El cuerpo elimina diariamente dos litros y medio de agua por concepto de respiración, transpiración, orina y heces. A la vez, requiere suplir esta pérdida obteniendo agua en su forma tradicional, a través de los alimentos o del mismo organismo, de la siguiente forma:

Entrada/ Salida:

- Agua por la boca: 1,3 litros. Orina: 1,5 litros.

- Líquido en alimentos: 1 litro. Heces: 200 ml.

- Oxidación del metabolismo interno: 300 ml. Respiración: 300 ml.

- Transpiración: 600 ml.

Total: 2,6 litros. Total: 2,6 litros.

El agua, además, tonifica el organismo y es especialmente beneficiosa para los deportistas. Asimismo, ayuda al cuerpo a utilizar los depósitos de grasa para convertirlos en energía y para eliminarlos mediante la orina.

En cuanto a su efecto estético, el agua ayuda a hidratar piel y músculos. Así, un cuerpo bien hidratado y tonificado por el agua se refleja en una piel tersa y en un tejido muscular más firme y elástico.

# 9. Componente esencial

El total de líquido del que se compone el cuerpo está distribuido de la siguiente forma:

- Células: 55 %.

- Líquido intersticial (rodea las células): 20 %.

- Tejido conjuntivo, piel y músculos: 7,5 %.

- Plasma: 7 %.

- Líquido transcelular: 2,5 %.

- Otros: 8 %.

Una persona puede pasar alrededor de cinco semanas sin recibir proteínas, carbohidratos y grasas, pero no puede sobrevivir más de cinco días sin beber agua.

# 10. Resumen

Es fundamental **mantener la hidratación antes, durante y después** de la práctica de **ejercicio físico**. Es extremadamente importante para la regulación de la temperatura, la función cardiovascular y el rendimiento físico. Para que nuestro organismo funcione correctamente es esencial mantenerlo con la proporción de agua que le corresponde. Las **necesidades de agua** varían en función de la edad y peso. Se supone un requerimiento promedio de 1 ml/kcal; es decir, entre **2 y 2,5 litros de agua al día**.

Estas necesidades pueden verse incrementadas con el ejercicio físico. **Aumenta la temperatura corporal y el cuerpo necesita refrigerarse** y lo hace aumentado la secreción de sudor y, en consecuencia, se pierde agua corporal. Si no se hace nada para compensar dicha pérdida, el cuerpo se irá deshidratando poco a poco a medida que avanza el ejercicio.

*Sudoración debida al ejercicio físico*

**Si esperamos a tener sed** para empezar a beber, habremos perdido aproximadamente el 2 % del peso corporal en agua, que se traduce en una disminución del 20 % del rendimiento deportivo. Si el ejercicio se realiza, además, en unas condiciones serias de calor y/o humedad, las pérdidas de líquido corporal se incrementan.

Los primeros **síntomas de deshidratación** que pueden aparecer son: fatiga, mareos y disminución del rendimiento.

El objetivo de la reposición de líquidos es que tanto circulación como sudoración se mantengan en niveles óptimos, garantizando así un rendimiento deportivo óptimo sin problemas de salud. La mejor forma de hidratarse es beber poco a poco a intervalos regulares para poder reemplazar toda el agua que se pierde a través del sudor. Por tanto, es importante no solo beber antes y después del ejercicio físico, sino también durante. Mientras se realiza ejercicio podemos o bien beber agua, o una bebida isotónica.

No obstante, como en todo, excederse en la hidratación tampoco es conveniente por riesgo de sufrir hiponatremia, un trastorno que se produce cuando las concentraciones de sodio en sangre bajan de forma anormal para el buen funcionamiento del sistema nervioso.

# CAPÍTULO 13

# Lesiones deportivas: cómo evitarlas

# 1. Introducción

La **lesión deportiva** se define como un accidente traumático o estado patológico producido como consecuencia de la práctica de cualquier deporte.

# 2. Tipos

- **Agudas**: producidas repentinamente por un hecho traumático.

- **Crónicas**: tienen un inicio lento y sin síntomas aparentes, agravándose progresivamente.

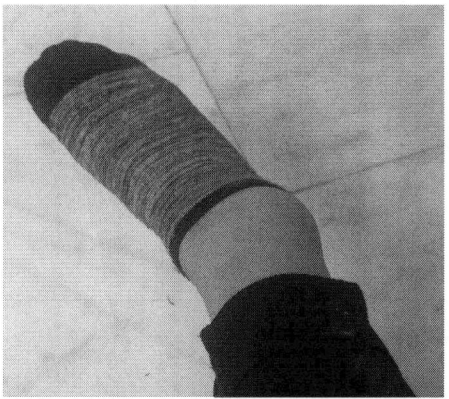

*Lesión aguda: esguince de tobillo*

# 3. Causas de las lesiones deportivas

Las principales causas son:

- Falta de conocimientos básicos del deporte.

- Falta de entrenamiento físico, técnico, táctico y psíquico.

- Descompensación corporal.

- Escaso dominio de la técnica.

- No ser consciente de las propias limitaciones.

- Deshidratación.

- Mala higiene (por ejemplo, las caries pueden derivar en roturas fibrilares).

- Excesiva fatiga o sobreentrenamiento.

- Alimentación incorrecta.

- Calentamiento nulo, escaso o mal realizado.

- Vuelta a la práctica de un deportista no repuesto totalmente de una lesión.

# 4. Fases de la lesión deportiva

Los programas de rehabilitación de una lesión deportiva deben estar basados en la siguiente estructura del proceso de curación.

## 4.1. Fase inflamatoria aguda

Sus características son enrojecimiento de la zona lesionada, calor, tumefacción, hinchazón, dolor y a veces puede haber impotencia funcional.

Se debe aislar del resto del cuerpo la zona dañada para que los glóbulos blancos reparen las células lesionadas.

## 4.2. Fase inflamatoria crónica

El proceso de inflamación aguda no elimina al agente causante de la lesión y se implican reparadores de mayor eficacia.

## 4.3. Fase de curación, cicatrización o reparación

Duración: 2-6 semanas.

En esta fase el deportista todavía puede mostrar sensibilidad al tacto y se quejará en situaciones que tenga que movilizar la estructura lesionada. A medida que el proceso de cicatrización va avanzando, el dolor irá desapareciendo.

## 4.4. Fase de maduración

Es la fase de mayor duración. Se produce una reorganización de las fibras de colágeno que forman el tejido de cicatrización y se van a formar unas líneas paralelas a las líneas de tensión del tejido. Para ello es importante un cierto esfuerzo con el cual producir un aumento de la fuerza a través de ejercicios de rehabilitación.

Por norma general, en la tercera semana se habrá formado una cicatriz fuerte y resistente. Sin embargo, para la curación completa de la lesión pueden pasar varios años.

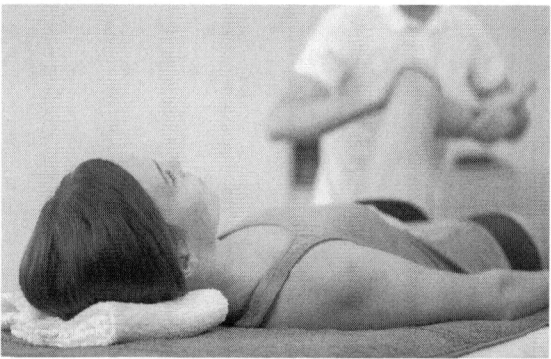

## 5. Factores que influyen en la curación

Fundamentalmente son los siguientes:

- Extensión de la lesión.
- Edema.
- Hemorragia.
- Suministro vascular deficiente.
- Infección.
- Salud, edad y nutrición.

# 6. Prevención de la lesión deportiva

## 6.1. Consideraciones sobre el entorno

Para prevenir lesiones deportivas es conveniente tener en cuenta los siguientes aspectos sobre el entorno:

- **Instalaciones deportivas**: tipo de superficie. Por ejemplo, hay terrenos más reactivos y no absorben los impactos producidos al correr o saltar.

- **Material deportivo**: regulación del sillín de la bicicleta, uso de protectores, acolchado de materiales…

- **Calzado**: es la parte más importante de la vestimenta porque durante el ejercicio se ejerce una fuerza varias veces mayor que el peso corporal, la cual es absorbida por el calzado, el pie y la pierna. Por lo tanto, el calzado (e incluso la plantilla) evitan lesiones por sobrecarga. Hay que prestar especial atención a deportistas con alguna anomalía en la pisada (pie plano, pie cavo, pronador, supinador...). Un estudio de la pisada y una buena plantilla pueden prevenir muchas lesiones como periostitis, tendinitis, fascitis plantar, etc.

## 6.2. Consideraciones sobre el deportista

El opositor debe tener en cuenta estos aspectos para evitar las lesiones en los entrenamientos:

- **Preparación física**: dinámica de cargas (intensidad, volumen y frecuencia), periodización en 3 estadios.

- **Nutrición**: aprovechamiento de recursos energéticos, con la consiguiente mejor y más rápida recuperación.

- **Calentamiento**: progresivo, individual, específico y direccional.

- **Estiramientos**: los objetivos son reducir la tensión muscular generada con el deporte, aumentar la extensión de los movimientos, relajar después del esfuerzo, prevenir tirones musculares, facilitar la oxigenación del músculo y así mejorar su recuperación.

## 6.3. Reconocimiento médico previo

El reconocimiento previo es muy útil para:

- Detectar enfermedades que puedan limitar la participación.

- Detectar enfermedades que puedan predisponer a sufrir una lesión.

- Habilitar los requisitos legales y de aseguración.

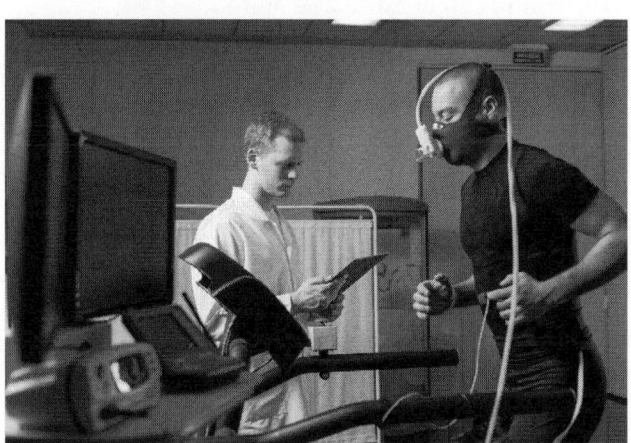

# 6.4. Psicología de la lesión deportiva

La **reacción a la lesión** en los deportistas suele seguir 5 fases:

1. Negación.

2. Cólera.

3. Negociación.

4. Depresión.

5. Aceptación y reorganización.

Son signos de una **mala adaptación** a la lesión:

–   Sentimientos de furia y confusión.

–   Obsesión con la idea de cuándo va a volver a competir.

–   Negación (quitar importancia a la lesión).

–   Vuelta a la actividad demasiado pronto, con el consiguiente riesgo de recaídas.

–   Alardes exagerados de sus logros en la rehabilitación.

–   Insistencia en quejas sobre cuestiones físicas sin importancia.

–   Culpa por haber defraudado al equipo.

–   Alejamiento de personas significativas.

–   Cambios repentinos en el estado de ánimo.

–   Afirmaciones de que nunca va a recuperarse.

# CAPÍTULO 14

## Planificación del calendario de entrenamientos

# 1. Introducción

No hay un tiempo ideal para la preparación de las pruebas físicas. El tiempo adecuado va a depender del estado de la forma física inicial del opositor.

Se partirá de una planificación anual como la de un curso lectivo: 10 meses. Es tiempo suficiente, incluso para opositores con un nivel muy bajo. **Lo más importante será la dedicación, el esfuerzo y la constancia**.

No obstante, se podrá adaptar en el caso de disponer de menos tiempo. La duración total será variable, así como la de los **cuatro periodos** de los que se compone siempre (estos serán explicados en un apartado posterior).

# 2. Planificación a falta de 10 meses para las pruebas físicas oficiales

Propongo la siguiente:

- Periodo preparatorio general: 4 meses (desde el primer mes hasta el cuarto).

- Periodo preparatorio específico: 2 meses (desde el quinto mes hasta el sexto).

- Periodo competitivo general: 2 meses (desde el séptimo mes hasta el octavo).

- Periodo competitivo específico: 2 meses (desde el noveno mes hasta el décimo).

En dichos periodos se ve cómo los parámetros de la carga (volumen e intensidad) varían a lo largo del tiempo restante hasta el día de las pruebas oficiales. El usuario no necesita calcular nada. Los gráficos son solo explicativos, esto ya va incluido en los propios programas de entrenamiento del presente libro. De esta forma, el opositor alcanzará el pico máximo de forma física el día de las pruebas, con el fin de superar con éxito el examen.

Para el correcto análisis de los siguientes gráficos, se recomienda volver a leer las definiciones de carga, intensidad y volumen.

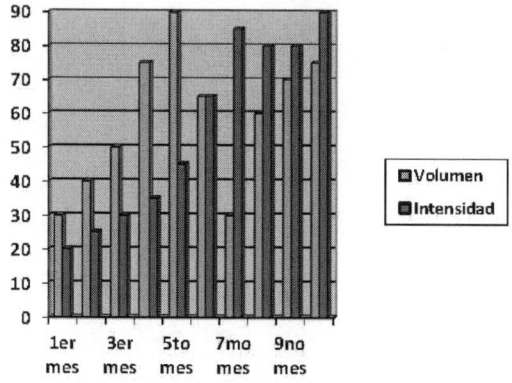

*Planificación para 10 meses*

Los opositores que no dispongan de estos 10 meses podrán seguir las siguientes planificaciones.

# 3. Planificación a falta de 9 meses para las pruebas físicas oficiales

Será la siguiente:

- Periodo preparatorio general: 3 meses (desde el primer mes hasta el tercero).

- Periodo preparatorio específico: 2 meses (el cuarto y quinto mes).

- Periodo competitivo general: 2 meses (el sexto y séptimo mes).

- Periodo competitivo específico: 2 meses (el octavo y noveno mes).

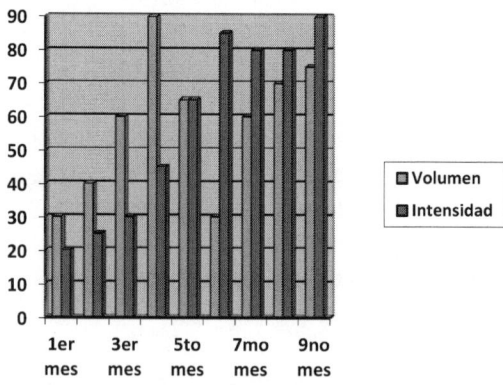

*Planificación para 9 meses*

# 4. Planificación a falta de 8 meses para las pruebas físicas oficiales

Los tiempos se distribuirán de esta forma:

– Periodo preparatorio general: 3 meses (desde el primer mes hasta el tercero).

– Periodo preparatorio específico: 1 mes (el cuarto mes).

– Periodo competitivo general: 2 meses (el quinto y sexto mes).

– Periodo competitivo específico: 2 meses (el séptimo y octavo mes).

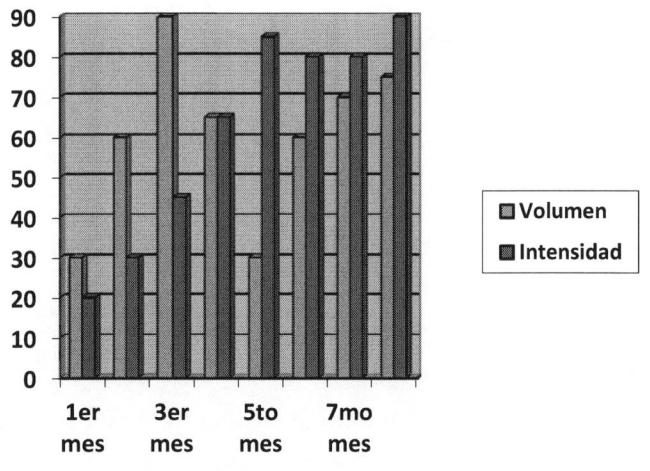

*Planificación para 8 meses*

# 5. Planificación a falta de 7 meses para las pruebas físicas oficiales

Será la siguiente:

– Periodo preparatorio general: 3 meses (desde el primer mes hasta el tercero).

– Periodo preparatorio específico: 1 mes (el cuarto mes).

- Periodo competitivo general: 2 meses (el quinto y sexto mes).

- Periodo competitivo específico: 1 mes (el séptimo mes).

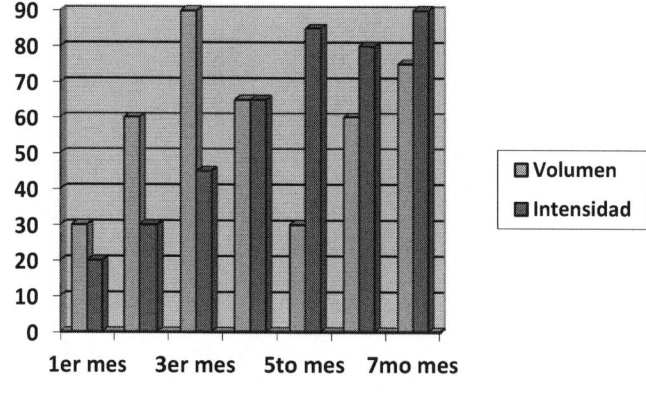

*Planificación para 7 meses*

# 6. Planificación a falta de 6 meses para las pruebas físicas oficiales

Tendrá la siguiente secuencia:

- Periodo preparatorio general: 2 meses (el primer y segundo mes).

- Periodo preparatorio específico: 1 mes (el tercer mes).

- Periodo competitivo general: 2 meses (el cuarto y quinto mes).

- Periodo competitivo específico: 1 mes (el sexto mes).

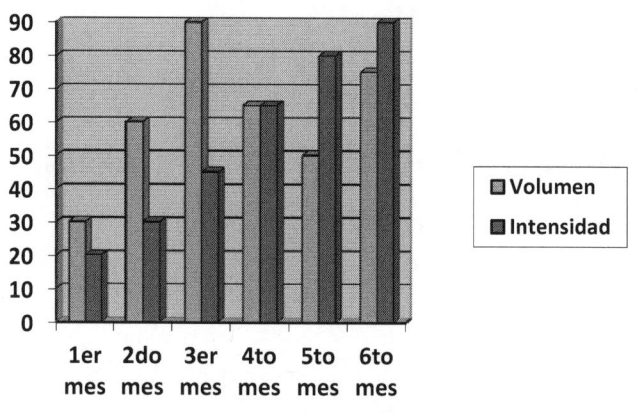

*Planificación para 6 meses*

# 7. Planificación a falta de 5 meses para las pruebas físicas oficiales

Los tiempos se distribuirán de esta forma:

– Periodo preparatorio general: 2 meses (el primer y segundo mes).

– Periodo preparatorio específico: 1 mes (el tercer mes).

– Periodo competitivo general: 1 mes (el cuarto mes).

– Periodo competitivo específico: 1 mes (el quinto mes).

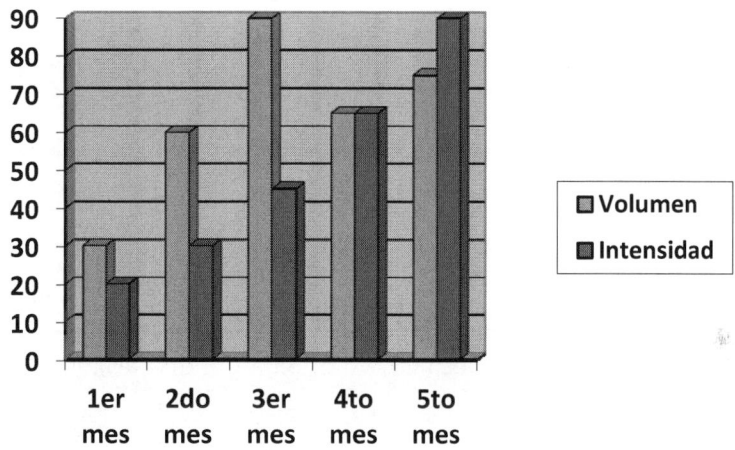

*Planificación para 5 meses*

# 8. Planificación a falta de 4 meses para las pruebas físicas oficiales

Los tiempos se distribuirán así:

– Periodo preparatorio general: 1 mes (el primer mes).

– Periodo preparatorio específico: 1 mes (el segundo mes).

- Periodo competitivo general: 1 mes (el tercer mes).
- Periodo competitivo específico: 1 mes (el cuarto mes).

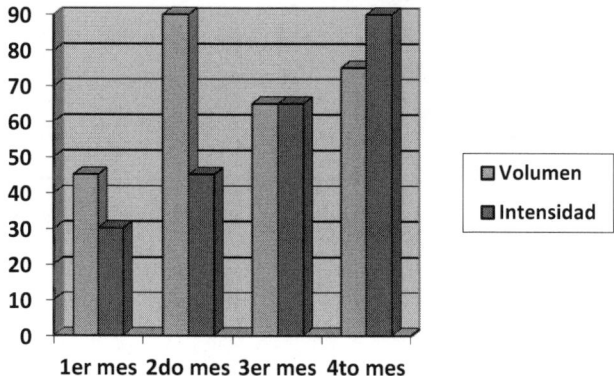

*Planificación para 4 meses*

# 9. Planificación a falta de 3 meses para las pruebas físicas oficiales

Será la siguiente:

- Periodo preparatorio general: 1 mes (el primer mes).
- Periodo preparatorio específico: 1 mes (el segundo mes).
- Periodo competitivo general: 2 semanas (el segundo mes y medio).
- Periodo competitivo específico: 2 semanas (el tercer mes).

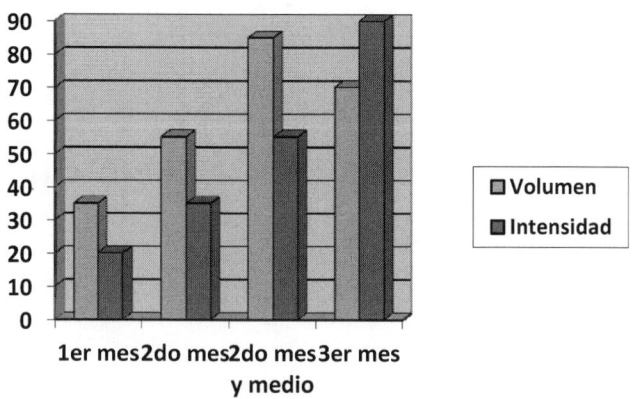

*Planificación para 3 meses*

# 10. Planificación a falta de 2 meses para las pruebas físicas oficiales

Los tiempos se distribuirán de esta forma:

- Periodo preparatorio general: 2 semanas (las primeras dos semanas).

- Periodo preparatorio específico: 2 semanas (el primer mes).

- Periodo competitivo general: 2 semanas (el primer mes y medio).

- Periodo competitivo específico: 2 semanas (el segundo mes).

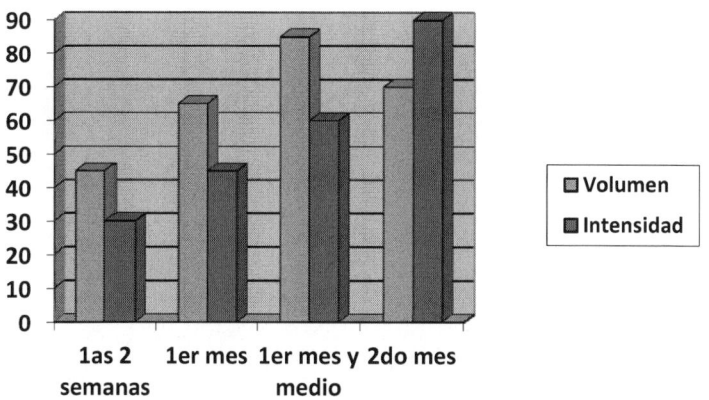

*Planificación para 2 meses*

Para preparar las pruebas físicas con menos de dos meses de tiempo se recomienda la ayuda de un profesional, ya sea a distancia o presencial.

# CAPÍTULO 15

# Consideraciones de los programas de entrenamiento

## Índice

# 1. Introducción

Habrá que tener en cuenta una serie de aspectos a la hora de entrenar para la mejora de las cinco pruebas físicas de la oposición.

Los programas de entrenamiento estarán clasificados y divididos según la prueba a mejorar.

Para la **preparación de la prueba de 50 metros corriendo,** habrá ejercicios de técnica de carrera, entrenamientos aeróbicos y anaeróbicos, sobre todo del tipo aláctico, con carreras de diferentes tipos (distancias, pulsaciones requeridas, inclinaciones del terreno, con recuperaciones completas o incompletas, etc.). Esta prueba se entrena un día semanal, a ser posible al comienzo de la semana, cuando se supone que el cuerpo está más descansado al llevar menos entrenamientos.

*Ejercicio de técnica de carrera*

**Respecto a la preparación de la pruebas de potencia de tren superior,** (dominadas y lanzamiento de balón) habrá un entrenamiento de musculación, ya sea con cargas externas (pesas) o internas (el propio peso corporal). Habrá observaciones con características distintas (series, repeticiones, descansos, etc.).

*Barra para el entrenamiento de las dominadas*

*Balón medicinal*

Para el **entrenamiento de la flexibilidad,** se realizarán ejercicios de estiramiento que produzcan una mejora en la elongación muscular y articular del cuerpo del aspirante.

*Ejercicio de estiramiento de lumbares*

La **mejora del salto vertical** se realizará por medio de ejercicios de potencia de las extremidades inferiores, tanto con cargas externas (pesas) e internas (el propio peso corporal). Será importante trabajar la fuerza reactiva por medio de la pliometría.

*Ejercicio de saltos pliométricos*

En cuanto al **entrenamiento de la prueba de carrera de 1.000 metros,** habrá entrenamientos aeróbicos y anaeróbicos lácticos, con carreras de diferentes tipos (distancias, pulsaciones requeridas, inclinaciones del terreno, con recuperaciones completas o incompletas, etc.).

*Carrera de resistencia*

# 2. Distribución semanal de los entrenamientos

Los programas de entrenamiento están diseñados para ejercitarse de 3 a 6 días semanales. La distribución de días a lo largo de la semana vendrá determinada por la disponibilidad del opositor.

**Habrá un total de seis entrenamientos semanales:**

– tres entrenamientos semanales de musculación (para mejorar la fuerza del tren superior y el salto)

– y otros tres entrenamientos de carrera (1 de velocidad, para los 50 metros, y 2 días de resistencia, para los 1.000 metros).

La flexibilidad se trabará al final de todos los entrenamientos.

Lo ideal es que entre cada entrenamiento de musculación haya un día de separación (mínimo). Lo mismo sucede con los entrenamientos de carrera. Esto se puede distribuir de varias formas:

- **Ejemplo 1**:

    * Lunes, miércoles y viernes: musculación (1 hora de duración, aproximadamente).

    * Martes, jueves y sábado: entrenamiento de carrera (1 de velocidad, para los 50 metros, y 2 días de resistencia, para los 1.000 metros). 1 hora de duración, aproximadamente.

- **Ejemplo 2**:

    * Lunes, miércoles y viernes: entrenamiento de carrera (1 de velocidad, para los 50 metros, y 2 días de resistencia, para los 1.000 metros). 1 hora de duración, aproximadamente.

    * Martes, jueves y sábado: musculación (1 hora de duración, aproximadamente).

- **Ejemplo 3:**

    * Lunes, miércoles y viernes: musculación a primera hora del día y entrenamiento de carrera a última hora del día (1 hora de duración cada uno, aproximadamente). También se puede hacer al contrario.

- **Ejemplo 4:**

    * Martes, jueves y sábado: musculación a primera hora del día y entrenamiento de carrera a última hora del día (1 hora de duración cada uno, aproximadamente). También se puede hacer al contrario.

- **Ejemplo 5:**

    * Lunes, miércoles y viernes: musculación y entrenamiento de carrera (2 horas de duración seguidas, aproximadamente).

- **Ejemplo 6:**

    * Martes, jueves y sábado: musculación y entrenamiento de carrera (2 horas de duración seguidas, aproximadamente).

Se podrían poner más ejemplos, pero ya se ve que **lo importante es que haya al menos un día de separación entre entrenamientos del mismo tipo**.

La **distribución más aconsejable** es la de los ejemplos 1 y 2, ya que permite mantener el rendimiento durante todo el entrenamiento dado que, al hacer 6 días semanales, la duración de cada uno es de 1 hora y, en este tiempo, los depósitos de glucógeno muscular rinden al máximo.

En el caso de no disponer de 6 días semanales para entrenar, la **segunda opción más recomendable** es hacer lo indicado en los ejemplos 3 y 4, con el mismo fin de que el opositor esté 2 horas seguidas entrenando y que entre un tipo de entrenamiento y otro pasen al menos 6 horas. Por ejemplo: primer entrenamiento del día a las 7.30 a.m. y segundo entrenamiento del día a las 18:30 p.m.; o bien, a las 14:00 p.m. y a las 20:00 p.m., respectivamente.

Los ejemplos 5 y 6 van **destinados a opositores que solo dispongan de 3 días semanales** para entrenar y de una vez, es decir, haciendo ambos tipos de entrenamiento seguidos. En este caso, el orden deber ser: ejercicios de musculación y carrera de 50 metros y de 1.000 metros.

Se recuerda que la flexibilidad se trabará al final de todos los entrenamientos.

# 3. Explicación de los contenidos de los entrenamientos

A continuación se detallan los programas de entrenamiento englobados dentro del período correspondiente. Tal y como se ha dicho anteriormente, la duración de dichos programas va a depender del tiempo restante que tenga el opositor hasta el día de las pruebas oficiales (desde 2 hasta 10 meses).

**Con el fin de personalizar al máximo cada programa, habrá varias opciones a elegir entre los opositores:**

– Niveles según la forma física actual obtenida en el test de cada prueba: muy bajo, bajo, medio, alto y muy alto. En función del nivel que tenga el usuario, los entrenamientos tendrán una mayor o menor dificultad. Como se ha dicho anteriormente, cada uno debe elegir el entrenamiento correspondiente a su nivel. Con el fin de evitar lesiones, no se debe elegir uno mayor. Así mismo tampoco se debe elegir uno de menor nivel para que no se produzca un estancamiento o regresión.

# 4. Observaciones de los entrenamientos de carrera de 50 metros

Es conveniente tener en cuenta que:

– **Superficie**: en caso de correr por el exterior, para evitar lesiones por sobrecarga e impactos repetitivos, se debería procurar hacerlo por terreno blando, tierra o césped. Esto tiene mayor importancia en la preparación de la prueba de velocidad ya que los impactos contra el suelo son más intensos, sobre todo cuando se trabaja la pliometría.

– **Velocidad**: en los entrenamientos de esta prueba, la velocidad es alta. Será importante la técnica de carrera, así como el trabajo de frecuencia y amplitud de movimientos.

– **Duración**: va a depender del nivel de cada usuario, siendo resultado de la realización del test de las pruebas físicas. Los opositores de nivel mayor tendrán entrenamientos de más larga duración y viceversa. Cada uno debe fijarse en el número de series correspondiente a su nivel y no realizar ningún otro. Si esto no se respeta, podría ser causa de lesión por sobreentrenamiento o mermar su rendimiento, según sea el caso.

– **Intensidad**: sería recomendable el uso de pulsómetro para controlar la frecuencia cardíaca. Teniendo en cuenta que la frecuencia cardíaca máxima se calcula con la fórmula de FCM = 220 - edad, trabajaremos con las siguientes intensidades, según el nivel de las pruebas físicas realizadas por cada opositor:

* 60 % de la FCM (**ritmo bajo**, que no cueste apenas esfuerzo).

   Ejemplo: persona de 30 años. FCM = 220 - edad = 190 de pulsaciones máximas teóricas por minuto. El 60 % de 190 es 114 pulsaciones/minuto.

* 70 % de la FCM (**ritmo medio**, que permita hablar sin esfuerzo).

   Ej.: 70 % de 190 = 133.

* 80 % de la FCM (**ritmo alto**, que se entrecorten las palabras a la hora de hablar).

   Ej.: 80 % de 190 = 152.

* 90 % de la FCM (**ritmo muy alto**, que sea casi imposible hablar).

   Ej.: 90 % de 190 = 171. Si no coincide la percepción con el porcentaje de esfuerzo, el opositor deberá guiarse por las sensaciones físicas (y no por el valor que marca el pulsómetro)".

– **Recuperación**: tiempo de descanso entre cada serie. Hay dos tipos: activa (caminando, por ejemplo) y pasiva (parado en el sitio). También puede ser según el tiempo de recuperación: completa (el descanso es amplio y, prácticamente, las pulsaciones vuelven a su estado inicial) e incompleta (el corazón no recupera su pulso inicial antes del siguiente esfuerzo).

- **Estiramientos**: al acabar el entrenamiento, conviene relajar los músculos trabajados haciendo los estiramientos musculares, manteniendo la posición de forma estática unos 30-40 segundos, sin hacer rebotes y sin que haya dolor muscular, solo molestia y tensión. En carrera trabajan, sobre todo, los músculos del tren inferior. Habrá que estirar bien las piernas para una buena recuperación.

# 5. Observaciones de los entrenamientos de potencia de tren superior

- **Calentamiento**: consiste en realizar 5-10 minutos de cualquier ejercicio aeróbico (carrera, bicicleta, elíptica, etc., aunque es preferible que sea de máquina de remo por tener mayor transferencia).

- **Series y repeticiones**: conjunto de veces que se realiza el movimiento de un ejercicio. Si un ejercicio se hace de forma alterna, primero con un brazo y luego con el otro, habrá que realizar las repeticiones marcadas con cada uno de los dos segmentos.

- **En circuito**: las vueltas dependerán del nivel obtenido en las pruebas.

  Ejemplo: 10 repeticiones del ejercicio 1, 10 del ejercicio 2... así hasta el último y se vuelve a empezar, haciendo el número de vueltas correspondiente al nivel obtenido en las pruebas.

- **Velocidad de ejecución**: cantidad de movimientos por espacio de tiempo. Puede ser lenta, media o rápida. Las contracciones suelen ser isotónicas concéntricas y excéntricas, es decir, hay acortamiento y estiramiento muscular. La fase excéntrica es a favor de la gravedad, pero no por ello se hace de forma más rápida e incontrolada sino que se debe mantener la velocidad.

- **Intensidad**: referida a cómo se llegue a la última repetición de los ejercicios, ya sean con pesas o con el propio peso corporal.

  Las repeticiones pueden ser de una intensidad baja (se hacen las repeticiones marcadas pero que en realidad se podrían hacer el doble), media (se podrían hacer 5 repeticiones más de las marcadas), alta (sería posible hacer 2 o 3 repeticiones más) o muy alta (es el máximo de repeticiones posibles, llegando al fallo muscular). No se debe abusar de este último tipo de intensidad ya que la técnica empeora bastante en las repeticiones forzadas.

- **Respiración**: se debe inspirar por la nariz durante la fase excéntrica del movimiento (estiramiento del músculo), que es a favor de la gravedad. La espiración se hará por la boca durante la fase concéntrica (acortamiento del músculo), que sucede en contra de la gravedad.

Ejemplo: en las clásicas flexiones o fondos en suelo, se inspira al bajar hacia el suelo, flexionando los brazos (a favor de la gravedad). Se espira al subir y extender los brazos (en contra de la gravedad).

*Respiración durante las flexiones*

- **Recuperación**: tiempo de descanso entre cada serie.

- **Estiramientos**: al acabar el entrenamiento, conviene relajar los músculos trabajados haciendo los estiramientos musculares, manteniendo la posición de forma estática unos 30-40 segundos, sin hacer rebotes y sin que haya dolor muscular, solo molestia y tensión.

*Estiramiento de dorsal*

# 6. Observaciones de los entrenamientos de flexibilidad profunda

La flexibilidad es la única cualidad física básica que involuciona desde el nacimiento. Esto se refiere a que, desde que nacemos, no cesa la pérdida de elasticidad y esta cualidad empeora con el paso de los años si no la trabajamos.

En cambio, las otras tres cualidades físicas básicas (fuerza, resistencia y velocidad) alcanzan su estado más óptimo entre los 20 y los 30 años del sujeto.

Por ello, esta prueba será entrenada al finalizar cada uno de los entrenamientos, ya sean de musculación o de carrera.

Los estiramientos deben ser realizados de forma progresiva y continua, sin que impliquen dolor sino tensión muscular. Servirán para mejorar el test de flexibilidad profunda y también para recuperar entre entrenamiento, así como para prevenir lesiones.

*Estiramiento de isquiotibiales*

# 7. Observaciones de los entrenamientos de salto vertical

- **Calentamiento**: ya se habrá realizado con el fin de entrenar la potencia del tren superior.

- **Series y repeticiones**: conjunto de veces que se realiza el movimiento de un ejercicio. Si un ejercicio se hace de forma alterna, primero con un brazo y luego con el otro, habrá que realizar las repeticiones marcadas con cada uno de los dos segmentos.

- **En circuito**: las vueltas dependerán del nivel obtenido en las pruebas.

  Ejemplo: 10 repeticiones del ejercicio 1, 10 del ejercicio 2... así hasta el último y se vuelve a empezar, haciendo el número de vueltas correspondiente al nivel obtenido en las pruebas.

- **Velocidad de ejecución**: cantidad de movimientos por espacio de tiempo. Suele ser rápida ya que es un ejercicio de fuerza explosiva. Las contracciones suelen ser isotónicas concéntricas y excéntricas, es decir, hay acortamiento y estiramiento muscular. La fase excéntrica es a favor de la gravedad, pero no por ello se hace de forma más rápida e incontrolada sino que se debe mantener la velocidad.

- **Intensidad**: referida a cómo se llegue a la última repetición de los ejercicios, ya sean con pesas o con el propio peso corporal.

  Las repeticiones pueden ser de una intensidad baja (se hacen las repeticiones marcadas pero que en realidad se podrían hacer el doble), media (se podrían hacer 5 repeticiones más de las marcadas), alta (sería posible hacer 2 o 3 repeticiones más) o muy alta (es el máximo de repeticiones posibles, llegando al fallo muscular). No se debe abusar de este último tipo de intensidad ya que la técnica empeora bastante en las repeticiones forzadas.

- **Respiración**: se debe inspirar por la nariz durante la fase excéntrica del movimiento (estiramiento del músculo), que es a favor de la gravedad. La espiración se hará por la boca durante la fase concéntrica (acortamiento del músculo), que sucede en contra de la gravedad.

- **Recuperación**: tiempo de descanso entre cada serie.

- **Estiramientos**: al acabar el entrenamiento, conviene relajar los músculos trabajados haciendo los estiramientos musculares, manteniendo la posición de forma estática unos 30-40 segundos, sin hacer rebotes y sin que haya dolor muscular, solo molestia y tensión.

# 8. Observaciones de los entrenamientos de carrera de 1.000 metros

Consideraciones:

- **Superficie**: en caso de correr por el exterior, para evitar lesiones por sobre-carga e impactos repetitivos, se debería procurar hacerlo por terreno blan-do, tierra o césped. Los entrenamientos para mejorar la carrera de 1.000 metros son de una cadencia menor que los de 50 metros, pero tienen ma-yor volumen de metros y, por tanto, de impactos contra el suelo.

- **Velocidad**: será justo la necesaria para mantener la intensidad y duración requeridas. Es importante realizar el tiempo y/o la distancia recomenda-dos en los programas. Para ello, hay que controlar el ritmo de carrera y no ir demasiado rápido. Cuando sea carrera continua, lo importante es man-tener el ritmo y no parar por completo (si es necesario, se caminará rápido hasta estar recuperado, momento el que se deberá retomar la carrera).

- **Duración**: va a depender del nivel de cada usuario, siendo resultado de la realización del test de las pruebas físicas. Los opositores de nivel mayor tendrán entrenamientos de más larga duración y viceversa. Cada uno debe fijarse en el tiempo de duración correspondiente a su nivel y no realizar ningún otro. Si esto no se respeta, podría ser causa de lesión por sobreen-trenamiento o mermar su rendimiento, según sea el caso.

- **Intensidad**: sería recomendable el uso de pulsómetro para controlar la frecuencia cardíaca. Teniendo en cuenta que la frecuencia cardíaca máxi-ma se calcula con la fórmula de FCM = 220 - edad, trabajaremos con las siguientes intensidades, según el nivel de las pruebas físicas realizadas por cada opositor:

    * 60 % de la FCM (**ritmo bajo**, que no cueste apenas esfuerzo).

        Ejemplo: persona de 30 años. FCM = 220 - edad = 190 de pulsaciones máximas teóricas por minuto. El 60 % de 190 es 114 pulsaciones/minuto.

    * 70 % de la FCM (**ritmo medio**, que permita hablar sin esfuerzo).

        Ej.: 70 % de 190 = 133.

    * 80 % de la FCM (**ritmo alto**, que se entrecorten las palabras a la hora de hablar).

        Ej.: 80 % de 190 = 152.

\*   90 % de la FCM (**ritmo muy alto**, que sea casi imposible hablar).

Ej.: 90 % de 190 = 171. Si no coincide la percepción con el porcentaje de esfuerzo, el opositor deberá guiarse por las sensaciones físicas (y no por el valor que marca el pulsómetro)".

–   **Recuperación**: tiempo de descanso entre cada serie. Hay dos tipos: activa (caminando, por ejemplo) y pasiva (parado en el sitio). También puede ser según el tiempo de recuperación: completa (el descanso es amplio y, prácticamente, las pulsaciones vuelven a su estado inicial) e incompleta (el corazón no recupera su pulso inicial antes del siguiente esfuerzo).

–   **Estiramientos**: al acabar el entrenamiento, conviene relajar los músculos trabajados haciendo los estiramientos musculares, manteniendo la posición de forma estática unos 30-40 segundos, sin hacer rebotes y sin que haya dolor muscular, solo molestia y tensión. En carrera trabajan, sobre todo, los músculos del tren inferior. Habrá que estirar bien las piernas para una buena recuperación.

# 9. Test mensual tras la finalización de cada programa

Mes a mes, se debe realizar un nuevo test de las cinco pruebas físicas en las condiciones lo más idénticas posible al día oficial. Esto se recomienda hacer una vez al mes, coincidiendo o no con el fin de cada programa y antes de comenzar el siguiente.

Se pueden realizar las cinco pruebas el mismo día. El orden que suele seguirse en las oposiciones es:

–   Carrera 50 metros, dominadas o lanzamiento de balón, flexibilidad profunda, salto vertical y carrera 1.000 metros.

El mismo día de las pruebas no suele haber demasiado tiempo para calentamientos. Los candidatos suelen ser llamados en grupo y van pasando por cada una de las pruebas físicas. Las carreras se realizan en grupo y el resto de pruebas son de forma individual.

# CAPÍTULO 16

## Pautas para entrenar cada prueba

# 1. Introducción

A continuación se detalla el orden en el que habrá que realizar los entrenamientos, en el caso de hacer la práctica de mejora de las cinco pruebas físicas en la misma sesión de entrenami ento.

Como se ha dicho anteriormente, son varias pruebas físicas a mejorar y se pueden entrenar seguidas o agrupar en dos entrenamientos: por un lado, musculación, para la mejora de potencia de tren superior, salto vertical y flexibilidad; por otro, las dos carreras y también la flexibilidad.

Sería conveniente **separar los dos tipos de entrenamiento**, al menos en dos horarios diferentes si se hacen el mismo día. Por ejemplo: un día entrenamiento de musculación; y otro día entrenamiento de carrera. Si por disponibilidad no se puede realizar de esta forma, otra opción es realizarlos el mismo día, pero uno por la mañana y otro por la tarde.

# 2. Entrenamiento de carrera de 50 metros

Será un entrenamiento destinado a mejorar la velocidad de reacción, velocidad de desplazamiento, aceleración, agilidad, coordinación y flexibilidad.

Con diferencia, es la prueba que más lentamente se mejora ya que la velocidad es una cualidad más innata que la fuerza y la resistencia.

Será importante la herencia genética y la cantidad de fibras rápidas que haya en el músculo de cada aspirante. No obstante, con esfuerzo y dedicación, se puede mejorar considerablemente.

El sprint de 50 metros se entrena un día semanal, siendo recomendable a principios de la semana, cuando se supone que el cuerpo está más descansado porque lleva menos entrenamientos.

Dado que la carrera de 50 metros tiene una gran implicación muscular, es importante realizar un buen calentamiento con el fin de evitar posibles lesiones.

Habrá que comenzar con una carrera a ritmo cómodo para calentar. Posteriormente, es conveniente realizar algunos ejercicios de una mayor intensidad como son los de técnica de carrera y alguna progresión. Todo ello se lleva a cabo antes del trabajo específico en la parte principal del entrenamiento de velocidad.

Para el entrenamiento de la carrera de 50 metros lisos hay varios **factores a mejorar**:

- **Velocidad de reacción**: consiste en ponerse en marcha y comenzar la prueba, una vez escuchado el estímulo sonoro (pistola electrónica). Se trabajará por medio de algún sonido externo al opositor (silbado, palmada, etc.).

- **Capacidad de aceleración**: referida al cambio de una posición estática al estado de movimiento. Se harán ciertos ejercicios para mejorarla, como son los de técnica de carrera, frecuencia de movimientos de tren inferior y superior, etc.

- **Velocidad de desplazamiento**: se mejora mediante el trabajo de la potencia y amplitud de movimientos.

*Ejercicio de frecuencia de movimientos: rodillas arriba*

*Ejercicio de frecuencia de movimientos: talones atrás*

También tiene especial importancia el trabajo de la **flexibilidad** por medio de estiramientos, ya que como lo indican McAtee y Charland *"Ayudan a prevenir lesiones, mejoran el rendimiento, promueven la percepción del propio cuerpo, estimulan el riego sanguíneo y sirven para relajarse y centrarse mentalmente".*

---

### ▶ Videos recomendados

Estiramientos tren inferior

- **Pierna - Cuádriceps:**
  http://youtu.be/RwT73-nA7zY
- **Pierna - Femoral:**
  http://youtu.be/TPTFDcBfb-I
- **Pierna - Psoas:**
  http://youtu.be/ccgF49K67lQ

140. ESTIRAMIENTOS - Pierna - Psoas

- **Pierna - Glúteo:**
  http://youtu.be/ZY36iUpxIdI
- **Pierna - Aductor:**
  http://youtu.be/BluyC7WQj2g
- **Pierna - Abductor:**
  http://youtu.be/LVYZhUlXjCA
- **Pierna - Gemelo:**
  http://youtu.be/qLciWStcqmI
- **Pierna - Sóleo:**
  http://youtu.be/1flIpjvmO_g

145. ESTIRAMIENTOS - Pierna - Sóleo

# 3. Entrenamiento de potencia de tren superior

Para la mejora de esta prueba habrá que trabajar la fuerza del tronco y los brazos. Los ejercicios de musculación servirán para mejorar el resultado de esta prueba. Se alternará el uso del propio peso corporal y el uso de cargas externas como pueden ser mancuernas, barras o máquinas.

En el caso de los hombres, se hablará siempre de dominadas y en el de las mujeres, de lanzamiento de balón medicinal (de 3 kg.).

El opositor que no domine su peso corporal deberá usar la máquina de ayuda o asistida. Quien lo domine y pueda hacer más repeticiones de las indicadas, deberá ponerse lastre con peso en la cintura.

Las opositoras podrán realizar lanzamientos con balones menos pesados (de 1 y 2 kg).

---

### ▶ Videos recomendados

Estiramientos tren superior:

– **Pectoral**: http://youtu.be/PsCNDK9LdrM

– **Dorsal**: http://youtu.be/yzpN70vW2Ps

– **Hombro**: http://youtu.be/DPDFPkpJ2LY

– **Trapecio y cuello**: http://youtu.be/q2E-cOZ7s3l

– **Bíceps**: http://youtu.be/y-ieBQLHlQU

– **Tríceps**: http://youtu.be/EV7_9aEoN4w

– **Antebrazo**: http://youtu.be/IVoWOK3qm9o

– **Abdominal**: http://youtu.be/0edvO1_wcY4

– **Lumbar**: http://youtu.be/kh6sJsHOpfY

---

| PROGRAMA / NIVEL | A | B | C | D | E |
|---|---|---|---|---|---|
| Muy bajo: 2 vueltas | 10 series | 12 series | 12 series | 10 series | 12 series |
| Bajo: 3 vueltas | 15 series | 18 series | 18 series | 15 series | 18 series |
| Medio: 4 vueltas | 20 series | 24 series | 24 series | 20 series | 24 series |
| Alto: 5 vueltas | 25 series | 30 series | 30 series | 25 series | 30 series |
| Muy alto: 6 vueltas | 30 series | 36 series | 36 series | 30 series | 36 series |

*Relación del número de vueltas y series a realizar en los entrenamientos de dominadas y lanzamiento de balón, según el nivel obtenido en el test.*

# 4. Entrenamiento de flexibilidad

Para la mejora de esta prueba se destinará el tiempo final de cada entrenamiento. Habrá que incidir en los estiramientos de la cadena posterior del cuerpo, como los isquiotibiales, gemelos, sóleos, lumbares, trapecio, etc. Los aductores también intervienen ya que las piernas están muy separadas entre sí.

Dichos estiramientos se mantendrán de forma estática unos 30-40 segundos, con el fin de aumentar la elasticidad muscular y mejorar el rango articular.

▶ Videos recomendados

– **Trapecio y cuello**: http://youtu.be/q2E-cOZ7s3I

– **Lumbar**: http://youtu.be/kh6sJsHOpfY

- **Pierna - Femoral**: http://youtu.be/TPTFDcBfb-I

- **Pierna - Aductor**: http://youtu.be/BluyC7WQj2g

- **Pierna - Gemelo**: http://youtu.be/qLciWStcqmI

- **Pierna - Sóleo**: http://youtu.be/1fIIpjvmO_g

# 5. Entrenamiento de salto vertical

Será importante el entrenamiento de potencia del tren inferior. Sobre todo, se trabajarán los cuádriceps, isquiotibiales y gemelos. Asimismo, en el movimiento de salto vertical también se implican los abdominales y lumbares.

Sería conveniente realizar los saltos sobre una superficie que absorba el impacto al caer al suelo. Por ejemplo, serviría realizarlos encima de una colchoneta, en la hierba, etc. En todo momento se evitará realizar saltos en asfalto o cemento.

Para no lesionarse, conviene caer con la mitad delantera de los pies, más bien las punteras. De esta forma, es mucho más suave el impacto.

Se alternará el uso del propio peso corporal y el uso de cargas externas como pueden ser mancuernas, barras o máquinas.

Habrá ejercicios más exigentes, como es el caso de los saltos pliométricos desde cajón. Consisten en dejarse caer desde una altura y aprovechar la fuerza reactiva, que se produce tras ello, para realizar un posterior salto.

 Video recomendado

**Saltos pliométricos desde cajón bajo**:

https://www.youtube.com/watch?v=tXEEPSz0vNQ

# 6. Entrenamiento de carrera de 1.000 metros

Habrá que entrenar la resistencia aeróbica y anaeróbica dado que en una carrera de 1.000 metros intervienen ambos sistemas de energía.

Los entrenamientos vendrán especificados en los programas en sí. Cada uno implicará un volumen e intensidad diferente. Serán dos días semanales los que se entrene esta prueba.

Hay que tener en cuenta que es una prueba relativamente rápida, en la que se necesita una base aeróbica, pero con una buena técnica de carrera y tolerancia a las pulsaciones altas. El hecho de ser capaz de correr durante un tiempo a ritmo medio, con pulsaciones cómodas (60 - 70 % de la frecuencia cardíaca máxima), no va a significar que se puedan realizar los 1.000 metros en un buen tiempo. Esta es una prueba en la que las pulsaciones pueden llegar a un 90 % de la FCM del aspirante.

Por tanto, tiene gran importancia el entrenamiento del sistema anaeróbico de tipo láctico y aláctico, en el que hay una acumulación de ácido láctico. Se entrenará la tolerancia a las pulsaciones altas y se procurará aumentar el umbral anaeróbico (ver Conceptos fundamentales, capítulo 3).

Se recomienda correr al aire libre y no en una cinta o tapiz rodante de gimnasio. El opositor debe acostumbrarse desde un principio a tener que impulsar su cuerpo para desplazarse y en una cinta eso no sucede ya que se mueve sola. Además, conviene tener la experiencia de correr con aire (en los espacios cerrados no hay viento y el día de la prueba sí que puede haber).

Después de finalizar el entrenamiento se recomienda estirar todos los músculos implicados, con el fin de reducir agujetas y favorecer la recuperación de cara al siguiente entrenamiento.

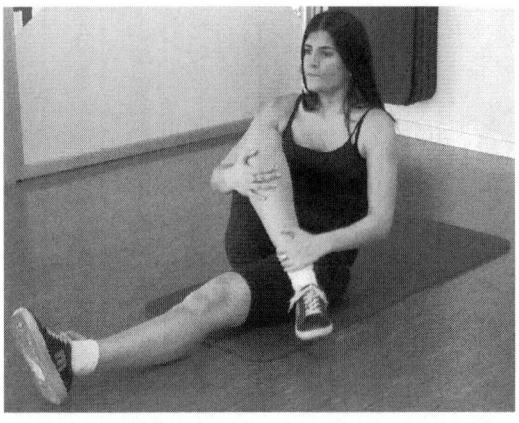

*Estiramiento de pierna*

 Videos recomendados

- **Correr al aire libre:**
  http://youtu.be/IYgn7hGGm64

- **Pierna - Cuádriceps**:
  http://youtu.be/RwT73-nA7zY

- **Pierna - Femoral**:
  http://youtu.be/TPTFDcBfb-I

- **Pierna - Psoas**:
  http://youtu.be/ccgF49K67lQ

- **Pierna - Glúteo**:
  http://youtu.be/ZY36iUpxIdI

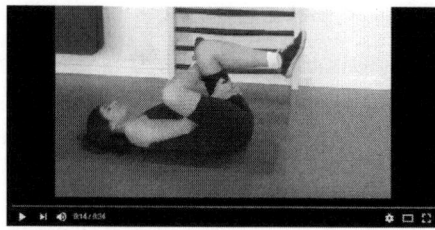

141. ESTIRAMIENTOS - Pierna - Glúteo

- **Pierna - Aductor**:
  http://youtu.be/BIuyC7WQj2g
- **Pierna - Abductor**:
  http://youtu.be/LVYZhUIXjCA
- **Pierna - Gemelo**:
  http://youtu.be/qLciWStcqmI

144. ESTIRAMIENTOS - Pierna - Gemelo

- **Pierna - Sóleo**:
  http://youtu.be/1flIpjvmO_g

# CAPÍTULO 17

# Explicación y desarrollo de los periodos de entrenamiento

# 1. Introducción

> ### 📌 Recuerda que...
>
> La planificación para la preparación de las pruebas físicas de acceso a la Policía Local tendrá cinco periodos en los que se engloban diversos programas de entrenamiento.

La siguiente tabla comprende la duración de los programas, relacionando el tiempo disponible antes del día de las pruebas oficiales y el tipo de periodo.

| Tiempo / Periodo | 10 meses | 9 meses | 8 meses | 7 meses | 6 meses | 5 meses | 4 meses | 3 meses |
|---|---|---|---|---|---|---|---|---|
| **Preparatorio general** | Programa A: 2 meses / Programa B: 2 meses | Programa A: 2 meses / Programa B: 1 mes | Programa A: 1 mes / Programa B: 2 meses | Programa A: 1 mes / Programa B: 2 meses | Programa A: 1 mes / Programa B: 1 meses | Programa A: 1 mes / Programa B: 1 meses | Programa A: 2 semanas / Programa B: 2 semanas | Programa A: 2 semanas / Programa B: 2 semanas |
| **Preparatorio específico** | Programa C: 2 meses | Programa C: 2 meses | Programa C: 1 mes | Programa C: 1 mes | Programa C: 1 mes | Programa C: 1 mes | Programa C: 1 mes | Programa C: 1 mes |
| **Competitivo general** | Programa D: 2 meses | Programa D: 2 meses | Programa D: 2 meses | Programa D: 2 meses | Programa D: 2 meses | Programa D: 1 mes | Programa D: 1 mes | Programa D: 2 semanas |
| **Competitivo específico** | Programa E: 2 meses | Programa E: 2 meses | Programa E: 2 meses | Programa E: 1 mes | Programa E: 1 mes | Programa E: 1 mes | Programa E: 1 mes | Programa E: 2 semanas |

***Duración de los programas en función
del tiempo restante hasta la realización de las pruebas***

El opositor deberá realizar los **4 periodos con sus correspondientes 5 programas**, independientemente del tiempo que le quede hasta la fecha del examen oficial de las pruebas físicas. Reducir o aumentar la duración de cada uno de los programas hará que la planificación se vea afectada y que el opositor no llegue con un estado óptimo de forma física al día de las pruebas.

# 2. Periodo preparatorio general

Es la primera etapa de preparación física en la cual se comienza con entrenamientos generales, trabajando las cualidades físicas básicas y desarrollando todos los músculos, tanto los implicados en las pruebas como los que no. Es un periodo necesario para crear una base aeróbica y muscular y, así, evitar posibles lesiones en un futuro cuando los entrenamientos sean más específicos.

Sirve para que no haya futuras descompensaciones en la musculatura. Es un error caer en la especificidad del entrenamiento ya desde el principio de la preparación de las pruebas físicas de acceso. Se debe ir de lo más general a lo más específico con una estructura y secuencia lógica. Para ello, hay que ir periodo a periodo, sin saltarse ninguno.

En cuanto al tipo de carga, destacar que el volumen y la intensidad serán bajos al principio, pero irán incrementando progresivamente e incluso llegará a haber una notable diferencia a favor del volumen.

 Recuerda que...

Para entender correctamente la distribución de las cargas de entrenamiento, se recomienda volver a leer las definiciones de carga, intensidad y volumen en el Capítulo 3.

Este Periodo Preparatorio General está compuesto por dos programas de entrenamiento deportivo con duración variable, según el tiempo disponible del opositor hasta el día de las pruebas.

# 3. Periodo preparatorio específico

Es la segunda etapa de preparación para las pruebas físicas. Comienza a hacerse un poco más específico el entrenamiento, buscando el protagonismo de las cualidades físicas básicas y los músculos principales en cada una de las pruebas, sin desentenderse de los secundarios.

Respecto a la carga, el volumen empieza a reducirse y la intensidad aumenta progresivamente.

Este periodo está compuesto por un único programa de entrenamiento deportivo y su duración depende del tiempo disponible del opositor hasta el día de las pruebas oficiales.

# 4. Periodo competitivo general

Es la tercera etapa de preparación física. Se comienza a buscar el ritmo de competición, es decir, la simulación de las características de cada prueba.

En cuanto a la carga, los valores del volumen siguen disminuyendo y los de intensidad aumentan hasta su pico máximo.

Este periodo conlleva un programa de entrenamiento de duración variable según el tiempo restante hasta el día de las pruebas.

# 5. Periodo competitivo específico

Es la cuarta y última etapa de preparación. Consiste en una puesta a punto para llegar con el máximo nivel posible al día de las pruebas físicas oficiales. Los ejercicios de los entrenamientos son totalmente específicos y buscan simular cada una de las pruebas al detalle.

Atendiendo a la carga, la intensidad sigue en su máximo valor y el volumen vuelve a aumentar, alcanzando un valor casi tan alto como la intensidad.

Está compuesto por un programa de entrenamiento en el que la duración depende del tiempo disponible del opositor hasta el día de las pruebas.

# CAPÍTULO 18

## Periodo preparatorio general: programas A y B

# 1. Introducción

Es necesario realizar todos los programas (A, B, C, D y E) durante el tiempo estipulado en el Capítulo 17 "Explicación y desarrollo de los periodos de entrenamiento", que irá en función del tiempo restante hasta la fecha de las pruebas físicas oficiales.

# 2. Programa A

## 2.1. Entrenamiento de carrera de 50 metros

En este tipo de entrenamiento las consideraciones a tener en cuenta son:

- Intensidad:

  * **Baja**, que no cueste apenas esfuerzo. 60 % de la FCM.

  * **Media**, que permita hablar sin esfuerzo. 70 % de la FCM.

  * **Alta**, que se entrecorten las palabras a la hora de hablar. 80 % de la FCM.

  * **Muy alta**, que sea casi imposible hablar. 90 % de la FCM.

  Ejemplo: persona de 30 años. FCM = 220 - edad = 190 de pulsaciones máximas teóricas por minuto. El 70 % de 190 es 133 pulsaciones/minuto.

  Las denominadas progresiones consisten en una carrera de distancia corta en la que la velocidad se va aumentando progresivamente desde el comienzo hasta el final de dicho espacio a recorrer. Es decir, se comienza corriendo a un ritmo bajo y se va aumentando hasta la intensidad solicitada.

  A diferencia de la progresión, el sprint se realiza a gran velocidad ya desde el principio.

- Recuperación entre progresiones y ejercicios de técnica de carrera: el tiempo que cueste volver caminando al punto de partida.

- Estiramientos: al acabar se deben estirar las piernas manteniendo la posición sin hacer rebotes durante 30-40 segundos.

| ENTRENAMIENTO | |
|---|---|
| **Nivel muy bajo** | 10 minutos caminando, intensidad media<br>Técnica de carrera: rodillas arriba. 2 series de 10 metros<br>2 progresiones de 20 metros acabando con una intensidad media<br>10 minutos caminando, intensidad media |
| **Nivel bajo** | 15 minutos caminando, intensidad media<br>Técnica de carrera: rodillas arriba. 2 series de 10 metros<br>4 progresiones de 20 metros acabando con una intensidad media<br>15 minutos caminando, intensidad media |
| **Nivel medio** | 10 minutos carrera, intensidad media<br>Técnica de carrera: rodillas arriba. 3 series de 15 metros<br>4 progresiones de 30 metros acabando con una intensidad media<br>10 minutos caminando, intensidad media |
| **Nivel alto** | 15 minutos carrera, intensidad media<br>Técnica de carrera: rodillas arriba. 4 series de 20 metros<br>4 progresiones de 40 metros acabando con una intensidad alta<br>15 minutos caminando, intensidad media |
| **Nivel muy alto** | 15 minutos carrera, intensidad media<br>Técnica de carrera: rodillas arriba. 4 series de 20 metros<br>4 progresiones de 50 metros acabando con una intensidad alta<br>15 minutos caminando, intensidad media |

*Entrenamiento de carrera de 50 metros, programa A*

 Vídeos recomendados

- **Carrera rodillas arriba**:
  https://youtu.be/UFaOSRA7Rsg

- **Carrera salida sprint**:
  https://youtu.be/M3cjURMmnF4

*Salida en una progresión*

# 2.2. Entrenamiento de potencia de tren superior

## A) Dominadas

En este tipo de entrenamiento las consideraciones a tener en cuenta son:

- **Repeticiones**: 10 de cada uno de los ejercicios. Si el opositor no llega a 10 dominadas deberá utilizar la máquina de dominadas asistidas o una goma que le reste peso corporal.

- **En circuito**: las vueltas dependerán del nivel obtenido en las pruebas. Ejemplo: 10 repeticiones del ejercicio 1, 10 del ejercicio 2... así hasta el último y se vuelve a empezar, haciendo el número de vueltas correspondiente al nivel obtenido en las pruebas.

- **Series**: dependerá del número de vueltas en que se realice el circuito.

- **Intensidad**: media, que no cueste llegar a la última repetición.

- **Recuperación**: entre ejercicios, es lo que lleve desplazarse de uno a otro. Entre vueltas, es de 1 minuto.

- **Velocidad**: moderada, ni rápida ni lenta.

| ENTRENAMIENTO 1 | ENTRENAMIENTO 2 | ENTRENAMIENTO 3 |
|---|---|---|
| 1. Dominadas | 1. Press hombros con mancuernas | 1. Press vertical para pecho |
| 2. Encogimientos abdominales | 2. Encogimientos abdominales | 2. Encogimientos abdominales |
| 3. Remo en máquina agarre estrecho | 3. Bíceps alterno con giro de mancuerna | 3. Aperturas planas con mancuernas |
| 4. Elevaciones de pelvis para abdominal con piernas a 90º | 4. Elevaciones de pelvis para abdominal con piernas a 90º | 4. Elevaciones de pelvis para abdominal con piernas a 90º |
| 5. Press vertical para pecho | 5. Extensión tríceps en polea alta | 5. Remo en máquina agarre estrecho |

*Entrenamiento de tren superior para dominadas, programa A*

*Press vertical*

### ▶ Videos recomendados

- **Dominadas**:
http://youtu.be/POiA-X_sSNI

- **Press con mancuernas**:
http://youtu.be/etBfeWlG3UI

- **Encogimientos normales**:
http://youtu.be/8kAtiCfSPAM

- **Remo en máquina, agarre estrecho**:
http://youtu.be/soCIc8IC_fg

- **Curl con mancuernas, giro alterno**:
http://youtu.be/Nq34NX-XbSE

- **Elevación de pelvis**:
http://youtu.be/MtQQgPfX_LI

- **Press plano con mancuernas**:
http://youtu.be/X11Z4ZIYSns

- **Extensión en polea alta con barra**:
http://youtu.be/RU_xplYhPFM

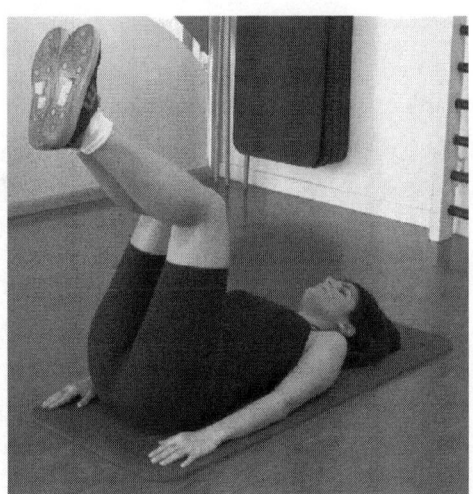

*Abdominales elevación de pelvis*

# B) Lanzamiento de balón medicinal

En este tipo de entrenamiento las consideraciones a tener en cuenta son:

- **Repeticiones**: 10 de cada uno de los ejercicios.

- **En circuito**: las vueltas dependerán del nivel obtenido en las pruebas. Ejemplo: 10 repeticiones del ejercicio 1, 10 del ejercicio 2... así hasta el último y se vuelve a empezar, haciendo el número de vueltas correspondiente al nivel obtenido en las pruebas.

- **Series**: dependerá del número de vueltas en que se realice el circuito.

- **Intensidad**: media, que no cueste llegar a la última repetición.

- **Recuperación**: entre ejercicios, es lo que lleve desplazarse de uno a otro. Entre vueltas, es de 1 minuto.

- **Velocidad**: moderada, ni rápida ni lenta.

| ENTRENAMIENTO 1 | ENTRENAMIENTO 2 | ENTRENAMIENTO 3 |
|---|---|---|
| 1. Lanzamiento balón de 2 kg | 1. Press hombros con mancuernas | 1. Press vertical para pecho |
| 2. Encogimientos abdominales | 2. Encogimientos abdominales | 2. Encogimientos abdominales |
| 3. Remo en máquina agarre estrecho | 3. Bíceps alterno con giro de mancuerna | 3. Aperturas planas con mancuernas |
| 4. Elevaciones de pelvis para abdominal con piernas a 90º | 4. Elevaciones de pelvis para abdominal con piernas a 90º | 4. Elevaciones de pelvis para abdominal con piernas a 90º |
| 5. Press vertical para pecho | 5. Extensión tríceps en polea alta | 5. Remo en máquina agarre estrecho |

*Entrenamiento de tren superior para lanzamiento de balón, programa A*

*Aperturas planas con mancuernas*

> ▶ **Videos recomendados**
>
> - **Lanzamiento de balón medicinal**:
>   https://youtu.be/MO12G9IXTlY
>
> - **Press con mancuernas**:
>   http://youtu.be/etBfeWlG3UI
>
> - **Encogimientos normales**:
>   http://youtu.be/8kAtiCfSPAM
>
> - **Remo en máquina, agarre estrecho**:
>   http://youtu.be/soClc8IC_fg
>
> - **Curl con mancuernas, giro alterno**:
>   http://youtu.be/Nq34NX-XbSE
>
> - **Elevación de pelvis**:
>   http://youtu.be/MtQQgPfX_LI
>
> - **Aperturas planas con mancuernas**:
>   http://youtu.be/5mqzrMAeDwg
>
> - **Extensión en polea alta con barra**:
>   http://youtu.be/RU_xplYhPFM

*Imagen 20. Encogimientos normales*

# 2.3. Entrenamiento de flexibilidad profunda

Para mejora de la flexibilidad se realizarán estiramientos una vez finalizados los entrenamientos de musculación y de carrera.

Las posiciones de cada estiramiento serán mantenidas durante 45 segundos, sin realizar rebotes. No deben suponer dolor sino tensión muscular.

Estos estiramientos son específicos para la mejora de esta prueba física. El resto de estiramientos servirán para relajar los músculos trabajados con los otros ejercicios.

---

▶ Videos recomendados

- **Test de flexibilidad profunda**: https://youtu.be/REt3QYxilmk

- **Femoral**: http://youtu.be/TPTFDcBfb-I

- **Aductor**: http://youtu.be/BluyC7WQj2g

- **Gemelo**: http://youtu.be/qLciWStcqmI

- **Lumbar**: http://youtu.be/kh6sJsHOpfY

---

*Estiramiento de aductor*

# 2.4. Entrenamiento de salto vertical

En este tipo de entrenamiento las consideraciones a tener en cuenta son:

- **Repeticiones**: 10 de cada uno de los ejercicios.

- **En circuito**: las vueltas dependerán del nivel obtenido en las pruebas. Ejemplo: 10 repeticiones del ejercicio 1, 10 del ejercicio 2... así hasta el último y se vuelve a empezar, haciendo el número de vueltas correspondiente al nivel obtenido en las pruebas.

- **Series**: dependerá del número de vueltas en que se realice el circuito.

- **Intensidad**: media, que no cueste llegar a la última repetición.

- **Recuperación**: entre ejercicios, es lo que lleve desplazarse de uno a otro. Entre vueltas, es de 1 minuto.

- **Velocidad**: moderada, ni rápida ni lenta.

| ENTRENAMIENTO 1 | ENTRENAMIENTO 2 | ENTRENAMIENTO 3 |
|---|---|---|
| 1. Salto vertical | 1. Salto verticales a cajón bajo | 1. Salto vertical |
| 2. Elevación de pecho | 2. Elevación de pecho | 2. Elevación de pecho |
| 3. Sentadilla con mancuernas | 3. Sentadilla con banco o silla, sin peso | 3. Sentadilla con mancuernas |

*Entrenamiento de salto vertical, programa A*

 Videos recomendados

- **Sentadilla con mancuernas**: http://youtu.be/4nsTsf_0IEs

- **Salto vertical**: https://youtu.be/0RCw2Avf_qo

- **Sentadilla con banco o silla, sin peso**: http://youtu.be/cLieeuoCli8

- **Elevación de pecho**: http://youtu.be/KWXaPkBdGXc

- **Saltos verticales a cajón bajo**: https://www.youtube.com/watch?v=tXEEPSz0vNQ

*Saltos verticales a cajón bajo*

## 2.5. Entrenamiento de carrera de 1.000 metros

En este tipo de entrenamiento las consideraciones a tener en cuenta son:

– Intensidad:

* **Baja**, que no cueste apenas esfuerzo. 60 % de la FCM.

* **Media**, que permita hablar sin esfuerzo. 70 % de la FCM.

* **Alta**, que se entrecorten las palabras a la hora de hablar. 80 % de la FCM.

* **Muy alta**, que sea casi imposible hablar. 90 % de la FCM.

Ejemplo: persona de 30 años. FCM = 220 - edad = 190 de pulsaciones máximas teóricas por minuto. El 70 % de 190 es 133 pulsaciones/minuto.

– Estiramientos: al acabar se deben estirar las piernas manteniendo la posición sin hacer rebotes durante 30-40 segundos.

|  | ENTRENAMIENTO 1 | ENTRENAMIENTO 2 | ENTRENAMIENTO 3 |
|---|---|---|---|
| **Nivel muy bajo** | 30 minutos caminando, intensidad media | 30 minutos caminando, intensidad media | 30 minutos caminando, intensidad media |
| **Nivel bajo** | 45 min caminando, intensidad alta | 20 min carrera continua, intensidad media | 45 min caminando, intensidad alta |
| **Nivel medio** | 25 min carrera continua, intensidad media | 30 min carrera continua, intensidad media | 25 min carrera continua, intensidad media |
| **Nivel alto** | 35 min carrera continua, intensidad media | 40 min carrera continua, intensidad media | 35 min carrera continua, intensidad media |
| **Nivel muy alto** | 40 min carrera continua, intensidad media | 45 min carrera continua, intensidad media | 40 min carrera continua, intensidad media |

*Entrenamiento de carrera de 1.000 metros, programa A*

**Importante**: se debe realizar el test de todas las pruebas físicas antes de comenzar el siguiente programa. Puede que el nivel del opositor haya cambiado.

# 3. Programa B

Se debe realizar durante el tiempo indicado en el Capítulo 17.

## 3.1. Entrenamiento de carrera de 50 metros

En este tipo de entrenamiento las consideraciones a tener en cuenta son:

– Intensidad:

* **Baja**, que no cueste apenas esfuerzo. 60 % de la FCM.

* **Media**, que permita hablar sin esfuerzo. 70 % de la FCM.

\* **Alta**, que se entrecorten las palabras a la hora de hablar. 80 % de la FCM.

\* **Muy alta**, que sea casi imposible hablar. 90 % de la FCM.

Ejemplo: persona de 30 años. FCM = 220 - edad = 190 de pulsaciones máximas teóricas por minuto. El 70 % de 190 es 133 pulsaciones/minuto.

Las denominadas progresiones consisten en una carrera de distancia corta en la que la velocidad se va aumentando progresivamente desde el comienzo hasta el final de dicho espacio a recorrer. Es decir, se comienza corriendo a un ritmo bajo y se va aumentando hasta la intensidad solicitada.

A diferencia de la progresión, el sprint se realiza a gran velocidad ya desde el principio.

– Recuperación entre progresiones y ejercicios de técnica de carrera: el tiempo que cueste volver caminando al punto de partida.

– Estiramientos: al acabar se deben estirar las piernas manteniendo la posición sin hacer rebotes durante 30-40 segundos.

| ENTRENAMIENTO | |
|---|---|
| **Nivel muy bajo** | 10 minutos caminando, intensidad alta<br>Técnica de carrera: talones atrás. 2 series de 10 metros<br>2 progresiones de 30 metros acabando con una intensidad media<br>10 minutos caminando, intensidad alta |
| **Nivel bajo** | 15 minutos caminando, intensidad alta<br>Técnica de carrera: talones atrás. 2 series de 10 metros<br>4 progresiones de 30 metros acabando con una intensidad media<br>15 minutos caminando, intensidad alta |
| **Nivel medio** | 10 minutos carrera, intensidad media<br>Técnica de carrera: talones atrás. 3 series de 15 metros<br>4 progresiones de 40 metros acabando con una intensidad media<br>10 minutos caminando, intensidad media |
| **Nivel alto** | 15 minutos carrera, intensidad media<br>Técnica de carrera: talones atrás. 4 series de 20 metros<br>4 progresiones de 50 metros acabando con una intensidad alta<br>15 minutos caminando, intensidad media |
| **Nivel muy alto** | 15 minutos carrera, intensidad media<br>Técnica de carrera: rodillas arriba. 4 series de 20 metros<br>4 progresiones de 50 metros acabando con una intensidad alta<br>15 minutos caminando, intensidad media |

*Entrenamiento de carrera de 50 metros, programa B*

 Vídeos recomendados

- **Carrera talones atrás:**
  https://youtu.be/dTscAQ-ONW8

159.CARRERA - Talones atrás

- **Carrera salida sprint:**
  https://youtu.be/M3cjURMmnF4

161.CARRERA - Salida sprint

# 3.2. Entrenamiento de potencia de tren superior

## A) Dominadas

En este tipo de entrenamiento las consideraciones a tener en cuenta son:

- **Repeticiones**: 12 de cada uno de los ejercicios. Si el opositor no llega a 12 dominadas deberá utilizar la máquina de dominadas asistidas o una goma que le reste peso corporal.

- **En circuito**: las vueltas dependerán del nivel obtenido en las pruebas.

  Ejemplo: 12 repeticiones del ejercicio 1, 12 del ejercicio 2... así hasta el último y se vuelve a empezar, haciendo el número de vueltas correspondiente al nivel obtenido en las pruebas.

- **Series**: dependerá del número de vueltas realizadas en el circuito.

– **Intensidad**: media-alta, que cueste un poco llegar a la última repetición.

– **Recuperación**: entre ejercicios, es lo que lleve desplazarse de uno a otro. Entre vueltas es de 1 minuto.

– **Velocidad**: moderada, ni rápida ni lenta.

| ENTRENAMIENTO 1 | ENTRENAMIENTO 2 | ENTRENAMIENTO 3 |
|---|---|---|
| 1. Dominadas | 1. Elevación lateral con mancuernas | 1. Dominadas |
| 2. Encogimientos normales | 2. Encogimientos normales | 2. Encogimientos normales |
| 3. Press plano con mancuernas | 3. Bíceps alterno con giro de mancuerna | 3. Remo en máquina agarre estrecho |
| 4. Elevaciones de pelvis para abdominal con piernas a 90º | 4. Elevaciones de pelvis para abdominal con piernas a 90º | 4. Elevaciones de pelvis para abdominal con piernas a 90º |
| 5. Jalón al pecho agarre estrecho | 5. Curl con barra recta | 5. Flexiones de brazos |
| 6. Encogimientos abdominales mano a mismo pie | 6. Encogimientos abdominales mano a mismo pie | 6. Encogimientos abdominales mano a mismo pie |

*Entrenamiento de tren superior para dominadas, programa B*

*Flexiones de brazo normales*

## ▶ Videos recomendados

- **Press plano con mancuernas**:
  http://youtu.be/X11Z4ZIYSns

- **Jalón al pecho agarre estrecho**:
  http://youtu.be/2oySz9COBIY

- **Encogimientos normales**:
  http://youtu.be/8kAtiCfSPAM

- **Elevaciones laterales con mancuernas**:
  http://youtu.be/Xq4YLJw61Ak

- **Remo en máquina, agarre estrecho**:
  http://youtu.be/soCIc8IC_fg

- **Curl con mancuernas, giro alterno**:
  http://youtu.be/Nq34NX-XbSE

- **Elevación de pelvis**:
  http://youtu.be/MtQQgPfX_LI

- **Dominadas**:
  http://youtu.be/POiA-X_sSNI

- **Flexiones de normales**:
  http://youtu.be/o1uEOySgqeI

- **Curl con barra recta, agarre ancho**:
  http://youtu.be/jKbhO-5aARA

- **Encogimientos mano a mismo pie**:
  http://youtu.be/9PWHPGqgIcE

*Curl con barra recta, agarre ancho*

## B) Lanzamiento de balón medicinal

En este tipo de entrenamiento las consideraciones a tener en cuenta son:

– **Repeticiones**: 12 de cada uno de los ejercicios.

– **En circuito**: las vueltas dependerán del nivel obtenido en las pruebas.

Ejemplo: 12 repeticiones del ejercicio 1, 12 del ejercicio 2... así hasta el último y se vuelve a empezar, haciendo el número de vueltas correspondiente al nivel obtenido en las pruebas.

– **Series**: dependerá del número de vueltas realizadas en el circuito.

– **Intensidad**: media-alta, que cueste un poco llegar a la última repetición.

– **Recuperación**: entre ejercicios, es lo que lleve desplazarse de uno a otro. Entre vueltas es de 1 minuto.

– **Velocidad**: moderada, ni rápida ni lenta.

| ENTRENAMIENTO 1 | ENTRENAMIENTO 2 | ENTRENAMIENTO 3 |
|---|---|---|
| 1. Lanzamiento de balón de 2 kg | 1. Elevación lateral con mancuernas | 1. Lanzamiento de balón de 2 kg |
| 2. Encogimientos normales | 2 Encogimientos normales | 2. Encogimientos normales |
| 3. Press plano con mancuernas | 3. Bíceps alterno con giro de mancuerna | 3. Remo en máquina agarre estrecho |
| 4. Elevaciones de pelvis para abdominal con piernas a 90º | 4. Elevaciones de pelvis para abdominal con piernas a 90º | 4. Elevaciones de pelvis para abdominal con piernas a 90º |
| 5. Jalón al pecho agarre estrecho | 5. Press francés con mancuernas | 5. Flexiones de brazos (con o sin rodillas apoyadas) |
| 6. Encogimientos abdominales mano a mismo pie | 6. Encogimientos abdominales mano a mismo pie | 6. Encogimientos abdominales mano a mismo pie |

*Entrenamiento de tren superior para lanzamiento de balón, programa B*

## ▶ Videos recomendados

- **Lanzamiento de balón**:
  https://youtu.be/MO12G9IXTIY

- **Press plano con mancuernas**:
  http://youtu.be/X11Z4ZIYSns

- **Jalón al pecho agarre estrecho**:
  http://youtu.be/2oySz9COBIY

- **Encogimientos normales**:
  http://youtu.be/8kAtiCfSPAM

- **Elevaciones laterales con mancuernas**:
  http://youtu.be/Xq4YLJw61Ak

- **Remo en máquina, agarre estrecho**:
  http://youtu.be/soCIc8IC_fg

- **Curl con mancuernas, giro alterno**:
  http://youtu.be/Nq34NX-XbSE

- **Elevación de pelvis**:
  http://youtu.be/MtQQgPfX_LI

- **Flexiones de normales**:
  http://youtu.be/o1uEOySgqeI

- **Flexiones de normales con rodillas apoyadas**:
  http://youtu.be/cay0sCjaY2s

- **Press francés con mancuernas**:
  http://youtu.be/DMKGl9wrDO8

- **Encogimientos mano a mismo pie**:
  http://youtu.be/9PWHPGqgIcE

*Press francés con mancuernas*

# 3.3. Entrenamiento de flexibilidad profunda

Para mejora de la flexibilidad se realizarán estiramientos una vez finalizados los entrenamientos de musculación y de carrera.

Las posiciones de cada estiramiento serán mantenidas durante 45 segundos, sin realizar rebotes. No deben suponer dolor sino tensión muscular.

Estos estiramientos son específicos para la mejora de esta prueba física. El resto de estiramientos servirán para relajar los músculos trabajados con los otros ejercicios.

 Videos recomendados

Test de flexibilidad profunda:

- **Femoral**:
  http://youtu.be/TPTFDcBfb-I

- **Aductor**:
  http://youtu.be/BluyC7WQj2g

- **Gemelo**:
  http://youtu.be/qLciWStcqmI

- **Lumbar**:
  http://youtu.be/kh6sJsHOpfY

*Estiramiento de gemelo*

# 3.4. Entrenamiento de salto vertical

En este tipo de entrenamiento las consideraciones a tener en cuenta son:

– **Repeticiones**: 12 de cada uno de los ejercicios.

– **En circuito**: las vueltas dependerán del nivel obtenido en las pruebas. Ejemplo: 10 repeticiones del ejercicio 1, 10 del ejercicio 2... así hasta el último y se vuelve a empezar, haciendo el número de vueltas correspondiente al nivel obtenido en las pruebas.

– **Series**: dependerá del número de vueltas en que se realice el circuito.

– **Intensidad**: media, que no cueste llegar a la última repetición.

– **Recuperación**: entre ejercicios, es lo que lleve desplazarse de uno a otro. Entre vueltas, es de 1 minuto.

– **Velocidad**: moderada, ni rápida ni lenta.

| ENTRENAMIENTO 1 | ENTRENAMIENTO 2 | ENTRENAMIENTO 3 |
|---|---|---|
| 1. Salto vertical | 1. Saltos verticales a cajón bajo | 1. Salto vertical |
| 2. Elevación de pierna y brazo contrario | 2. Elevación de pierna y brazo contrario | 2. Elevación de pierna y brazo contrario |
| 3. Prensa | 3. Sentadilla con mancuernas | 3. Prensa |

*Entrenamiento de salto vertical, programa B*

 Videos recomendados

· **Sentadilla con mancuernas**: http://youtu.be/4nsTsf_0IEs

· **Salto vertical**: https://youtu.be/0RCw2Avf_qo

· **Prensa**: http://youtu.be/Kkbpttm6hLw

· **Elevación de pierna y brazo contrario boca abajo**: http://youtu.be/eozzUCujvnQ

· **Saltos verticales a cajón bajo**: https://www.youtube.com/watch?v=tXEEPSz0vNQ

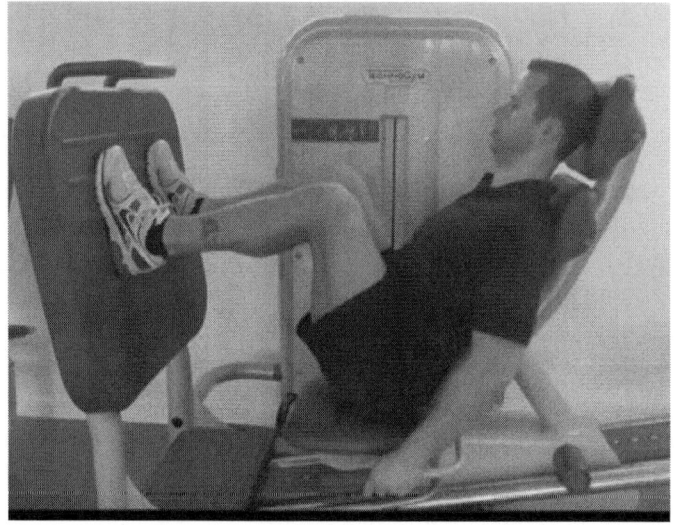

*Prensa*

# 3.5. Entrenamiento de carrera de 1.000 metros

A tener en cuenta:

- **Intensidad:**

    * **Baja**, que no cueste apenas esfuerzo. 60 % de la FCM.

    * **Media**, que permita hablar sin esfuerzo. 70 % de la FCM.

    * **Alta**, que se entrecorten las palabras a la hora de hablar. 80 % de la FCM.

    * **Muy alta**, que sea casi imposible hablar. 90 % de la FCM

    Ejemplo: persona de 30 años. FCM = 220 - edad = 190 de pulsaciones máximas teóricas por minuto. El 70 % de 190 es 133 pulsaciones/minuto.

- **Estiramientos:** al acabar se deben estirar las piernas manteniendo la posición sin hacer rebotes durante 30-40 segundos.

|  | ENTRENAMIENTO 1 | ENTRENAMIENTO 2 | ENTRENAMIENTO 3 |
|---|---|---|---|
| **Nivel muy bajo** | 40 minutos caminando, intensidad alta | 15 min carrera continua, intensidad media | 40 minutos caminando, intensidad alta |
| **Nivel bajo** | 20 min carrera continua, intensidad media | 45 min caminando, intensidad alta | 20 min carrera continua, intensidad media |
| **Nivel medio** | 30 min carrera continua, intensidad media | 35 min carrera continua, intensidad media | 30 min carrera continua, intensidad media |
| **Nivel alto** | 40 min carrera continua, intensidad media | 45 min carrera continua, intensidad media | 40 min carrera continua, intensidad media |
| **Nivel muy alto** | 45 min carrera continua, intensidad media | 50 min carrera continua, intensidad media | 45 min carrera continua, intensidad media |

*Entrenamiento de carrera de 1.000 metros, programa B*

**Importante**: se debe realizar el test de todas las pruebas físicas antes de comenzar el siguiente programa. Puede que el nivel del opositor haya cambiado.

# CAPÍTULO 19

## Periodo preparatorio específico: programa C

### Índice

# 1. Introducción

Se debe realizar durante el tiempo indicado en el Capítulo 17.

# 2. Entrenamiento de carrera de 50 metros

En este tipo de entrenamiento las consideraciones a tener en cuenta son:

– Intensidad:

* **Baja**, que no cueste apenas esfuerzo. 60 % de la FCM.

* **Media**, que permita hablar sin esfuerzo. 70 % de la FCM.

* **Alta**, que se entrecorten las palabras a la hora de hablar. 80 % de la FCM.

* **Muy alta**, que sea casi imposible hablar. 90 % de la FCM.

Ejemplo: persona de 30 años. FCM = 220 - edad = 190 de pulsaciones máximas teóricas por minuto. El 70 % de 190 es 133 pulsaciones/minuto.

Las denominadas progresiones consisten en una carrera de distancia corta en la que la velocidad se va aumentando progresivamente desde el comienzo hasta el final de dicho espacio a recorrer. Es decir, se comienza corriendo a un ritmo bajo y se va aumentando hasta la intensidad solicitada.

A diferencia de la progresión, el sprint se realiza a gran velocidad ya desde el principio.

– Recuperación entre progresiones y ejercicios de técnica de carrera: el tiempo que cueste volver caminando al punto de partida.

– Recuperación entre sprints: 1 minuto 30 segundos.

– Estiramientos: al acabar se deben estirar las piernas manteniendo la posición sin hacer rebotes durante 30-40 segundos.

| ENTRENAMIENTO | |
|---|---|
| **Nivel muy bajo** | 10 minutos caminando, intensidad alta |
| | Técnica de carrera: rodillas arriba. 2 series de 15 metros |
| | 3 progresiones de 30 metros acabando con una intensidad media |
| | 10 minutos caminando, intensidad media |

.../...

.../...

| ENTRENAMIENTO | |
|---|---|
| **Nivel bajo** | 15 minutos caminando, intensidad media<br>Técnica de carrera: rodillas arriba. 3 series de 15 metros<br>4 progresiones de 30 metros acabando con una intensidad media<br>15 minutos caminando, intensidad media |
| **Nivel medio** | 10 minutos carrera, intensidad media<br>Técnica de carrera: rodillas arriba. 3 series de 15 metros<br>3 progresiones de 20 metros acabando con una intensidad media<br>10 minutos caminando, intensidad media |
| **Nivel alto** | 15 minutos carrera, intensidad media<br>Técnica de carrera: rodillas arriba. 4 series de 20 metros<br>3 sprints de 30 metros con una intensidad alta<br>15 minutos caminando, intensidad media |
| **Nivel muy alto** | 15 minutos carrera, intensidad media<br>Técnica de carrera: rodillas arriba. 4 series de 20 metros<br>3 sprints de 40 metros con una intensidad alta<br>15 minutos caminando, intensidad media |

*Entrenamiento de carrera de 50 metros, programa C*

 Vídeos recomendados

- **Carrera rodillas arriba**:
  https://youtu.be/UFaOSRA7Rsg

- **Carrera salida sprint**:
  https://youtu.be/M3cjURMmnF4

*Ejercicio de rodillas arriba*

# 3. Entrenamiento de potencia de tren superior

## 3.1. Dominadas

En este tipo de entrenamiento las consideraciones a tener en cuenta son:

–   **Repeticiones**: 15 de cada uno de los ejercicios. Para dominadas serán series de 8 repeticiones en el entrenamiento 1 y series de 4 en el entrenamiento. Si el opositor no llega a este número de repeticiones, deberá utilizar la máquina de dominadas asistidas o una goma que le reste peso corporal. En el caso de que llegue muy cómodo a estas repeticiones, deberá poner lastre en su cintura. Por ejemplo, un cinturón con un disco con los kilogramos que pueda levantar ese número de veces.

–   **En circuito**: las vueltas dependerán del nivel obtenido en las pruebas. Ejemplo: 15 repeticiones del ejercicio 1, 15 del ejercicio 2 y 15 del ejercicio 3. Luego se pasa al siguiente grupo de ejercicios 1, 2 y 3. Hay que hacer el número de vueltas correspondiente al nivel obtenido en las pruebas.

–   **Series**: dependerá del número de vueltas realizadas del circuito.

–   **Intensidad**: media-alta, que cueste algo llegar a la última repetición.

–   **Recuperación**: entre ejercicios, es lo que lleve desplazarse de uno a otro. Entre vueltas, es de 45 segundos.

–   **Velocidad**: moderada, ni rápida ni lenta.

| ENTRENAMIENTO 1 | ENTRENAMIENTO 2 | ENTRENAMIENTO 3 |
|---|---|---|
| 1. Dominadas. Series de 8 repeticiones | 1. Jalón al pecho, agarre inverso | 1. Dominadas. Series de 4 repeticiones |
| 2. Encogimientos abdominales mano a mismo pie | 2. Encogimientos abdominales mano a mismo pie | 2. Encogimientos abdominales mano a mismo pie |
| 3. Elevación de pelvis para lumbares | 3. Elevación de pelvis para lumbares | 3. Elevación de pelvis para lumbares |
| 1. Jalón al pecho agarre ancho | 1. Bíceps con barra recta, agarre inverso | 1. Jalón al pecho agarre ancho |
| 2. Bíceps con barra en polea baja | 2. Elevaciones de pelvis para abdominal con piernas estiradas | 2. Bíceps con barra en polea baja |
| 3. Elevaciones de pelvis para abdominal con piernas estiradas | 3. Elevación de pelvis para lumbares | 3. Elevaciones de pelvis para abdominal con piernas estiradas |

*Entrenamiento de tren superior para dominadas, programa C*

---

 Videos recomendados

- **Flexiones normales:**
  http://youtu.be/o1uEOySgqeI
- **Flexiones con rodillas apoyadas:**
  http://youtu.be/cay0sCjaY2s
- **Flexiones con manos apoyadas en pared:**
  http://youtu.be/yEshJMmWsiI
- **Encogimientos mano a mismo pie:**
  http://youtu.be/9PWHPGqgIcE
- **Jalón al pecho, agarre ancho:**
  http://youtu.be/Jwd4S43O91s
- **Dominadas:**
  http://youtu.be/POiA-X_sSNI
- **Jalón al pecho agarre inverso:**
  http://youtu.be/-HeRottnWYI

- **Curl con barra recta, agarre inverso**:
  http://youtu.be/B0JjZAZ7Brw

- **Elevación de pelvis para abdominales**:
  http://youtu.be/MtQQgPfX_LI

- **Curl con barra en polea baja**:
  http://youtu.be/PSrsVuKcxCM

- **Elevación de pelvis para lumbar y glúteo**:
  http://youtu.be/oy06osLVils

*Jalón al pecho con agarre inverso*

# 3.2. Lanzamiento de balón medicinal

En este tipo de entrenamiento las consideraciones a tener en cuenta son:

- **Repeticiones**: 15 de cada uno de los ejercicios.

- **En circuito**: las vueltas dependerán del nivel obtenido en las pruebas. Ejemplo: 15 repeticiones del ejercicio 1, 15 del ejercicio 2 y 15 del ejercicio 3. Luego se pasa al siguiente grupo de ejercicios 1, 2 y 3. Hay que hacer el número de vueltas correspondiente al nivel obtenido en las pruebas.

– **Series**: dependerá del número de vueltas realizadas del circuito.

– **Intensidad**: media-alta, que cueste algo llegar a la última repetición.

– **Recuperación**: entre ejercicios, es lo que lleve desplazarse de uno a otro. Entre vueltas, es de 45 segundos.

– **Velocidad**: moderada, ni rápida ni lenta.

| ENTRENAMIENTO 1 | ENTRENAMIENTO 2 | ENTRENAMIENTO 3 |
|---|---|---|
| 1. Lanzamiento de balón de 2 kg | 1. Jalón al pecho, agarre inverso | 1. Lanzamiento de balón de 3 kg |
| 2. Encogimientos abdominales mano a mismo pie | 2. Encogimientos abdominales mano a mismo pie | 2. Encogimientos abdominales mano a mismo pie |
| 3. Elevación de pelvis para lumbares | 3. Elevación de pelvis para lumbares | 3. Elevación de pelvis para lumbares |
| 1. Pullover con mancuerna | 1. Fondos de tríceps en banco/s | 1. Pullover con mancuerna |
| 2. Bíceps con barra en polea baja | 2. Elevaciones frontales con mancuernas | 2. Bíceps con barra en polea baja |
| 3. Elevaciones de pelvis para abdominal con piernas estiradas | 3. Elevación de pelvis para lumbares | 3. Elevaciones de pelvis para abdominal con piernas estiradas |

*Entrenamiento de tren superior para lanzamiento de balón, programa C*

 Videos recomendados

- **Lanzamiento de balón**:
  https://youtu.be/MO12G9IXTIY

- **Flexiones normales**:
  http://youtu.be/o1uEOySgqeI

- **Flexiones con rodillas apoyadas**:
  http://youtu.be/cay0sCjaY2s

- **Encogimientos mano a mismo pie**:
  http://youtu.be/9PWHPGqglcE

- **Pullover con mancuerna**:
  http://youtu.be/P_yg2Rwoolk

- **Elevaciones frontales alternas con mancuernas**:
  http://youtu.be/V0TslsUn4ao

- **Jalón al pecho agarre estrecho**:
  http://youtu.be/2oySz9COBIY

- **Fondos en banco o silla**:
  http://youtu.be/aX093Pr3TLY

- **Elevación de pelvis para abdominales**:
  http://youtu.be/MtQQgPfX_LI

- **Curl con barra en polea baja**:
  http://youtu.be/PSrsVuKcxCM

- **Elevación de pelvis para lumbar y glúteo**:
  http://youtu.be/oy06osLVils

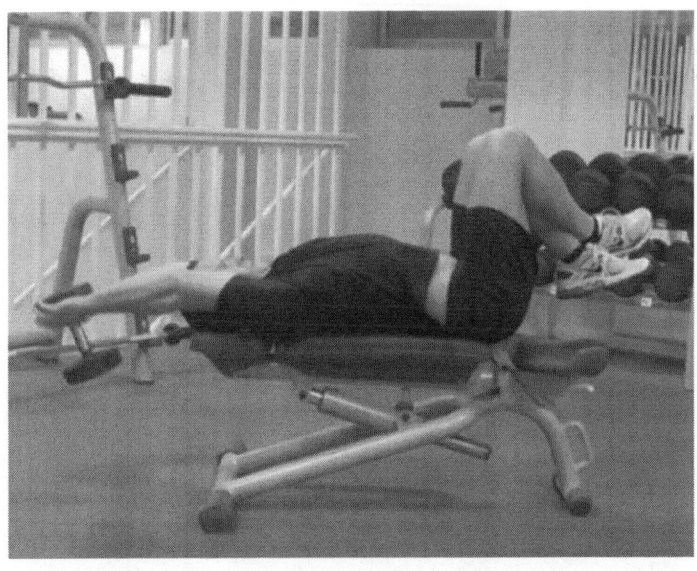

*Pullover con mancuerna*

# 4. Entrenamiento de flexibilidad profunda

Para mejora de la flexibilidad se realizarán estiramientos una vez finalizados los entrenamientos de musculación y de carrera.

Las posiciones de cada estiramiento serán mantenidas durante 45 segundos, sin realizar rebotes. No deben suponer dolor sino tensión muscular.

Estos estiramientos son específicos para la mejora de esta prueba física. El resto de estiramientos servirán para relajar los músculos trabajados con el resto de ejercicios.

 Videos recomendados

- **Test de flexibilidad profunda**:
  https://youtu.be/REt3QYxilmk

- **Femoral**:
  http://youtu.be/TPTFDcBfb-I

- **Aductor**:
  http://youtu.be/BluyC7WQj2g

- **Gemelo**:
  http://youtu.be/qLciWStcqmI

- **Lumbar**:
  http://youtu.be/kh6sJsHOpfY

# 5. Entrenamiento de salto vertical

En este tipo de entrenamiento las consideraciones a tener en cuenta son:

- **Repeticiones**: 15 de cada uno de los ejercicios.

- **En circuito**: las vueltas dependerán del nivel obtenido en las pruebas. Ejemplo: 15 repeticiones del ejercicio 1, 15 del ejercicio 2... así hasta el último y se vuelve a empezar, haciendo el número de vueltas correspondiente al nivel obtenido en las pruebas.

- **Series**: dependerá del número de vueltas en que se realice el circuito.

- **Intensidad**: media, que no cueste llegar a la última repetición.

– **Recuperación**: entre ejercicios, es lo que lleve desplazarse de uno a otro. Entre vueltas, es de 1 minuto.

– **Velocidad**: moderada, ni rápida ni lenta.

| ENTRENAMIENTO 1 | ENTRENAMIENTO 2 | ENTRENAMIENTO 3 |
|---|---|---|
| 1. Saltos pliométricos desde cajón bajo | 1. Salto vertical | 1. Saltos pliométricos desde cajón bajo |
| 2. Elevación de piernas en banco plano | 2. Elevación de piernas en banco plano | 2. Elevación de piernas en banco plano |
| 3. Sentadilla en máquina | 3. Sentadilla con mancuernas | 3. Sentadilla en máquina |

*Entrenamiento de salto vertical, programa C*

---

 Videos recomendados

**Salto vertical:**

- **Sentadilla  en máquina**:
  http://youtu.be/k8GXXUWjXDg

- **Elevación de piernas en banco plano**:
  http://youtu.be/L9A1ntPM8N8

- **Saltos pliométricos desde cajón bajo**:
  https://www.youtube.com/watch?v=tXEEPSz0vNQ

*Sentadilla en máquina*

# 6. Entrenamiento de carrera de 1.000 metros

Tener en cuenta:

– **Intensidad**:

* **Baja**, que no cueste apenas esfuerzo. 60 % de la FCM.

* **Media**, que permita hablar sin esfuerzo. 70 % de la FCM.

* **Alta**, que se entrecorten las palabras a la hora de hablar. 80 % de la FCM.

* **Muy alta**, que sea casi imposible hablar. 90 % de la FCM.

Ejemplo: persona de 30 años. FCM = 220 - edad = 190 de pulsaciones máximas teóricas por minuto. El 70 % de 190 es 133 pulsaciones/minuto.

– **Estiramientos**: al acabar se debe estirar las piernas manteniendo la posición sin hacer rebotes durante 30-40 segundos.

| | ENTRENAMIENTO 1 | ENTRENAMIENTO 2 | ENTRENAMIENTO 3 |
|---|---|---|---|
| **Nivel muy bajo** | 20 min carrera continua, intensidad media | 20 min carrera continua, intensidad media | 20 min carrera continua, intensidad media |
| **Nivel bajo** | 25 min carrera continua, intensidad media | 30 min progresivos: 10 medio, 10 alto, 10 medio | 25 min carrera continua, intensidad media |
| **Nivel medio** | 5 min medio<br>15 min cambios ritmo: 2 medio-1 alto<br>5 min medio para relajar | 35 min progresivos: 10 medio, 15 alto, 10 medio | 40 min carrera continua, intensidad media |
| **Nivel alto** | 5 min medio<br>20 min cambios ritmo: 2 medio-1 alto<br>5 min medio para relajar | 40 min progresivos: 10 medio, 10 alto, 10 muy alto, 10 medio | 45 min carrera continua, intensidad alta<br>4 progresiones de 50 m acabando a ritmo alto |
| **Nivel muy alto** | 5 min medio<br>25 min cambios ritmo: 2 medio-1 alto<br>5 min medio para relajar | 45 min progresivos: 10 medio, 15 alto, 10 muy alto, 10 medio | 50 min carrera continua, intensidad alta<br>4 progresiones de 50 m acabando a ritmo alto |

*Entrenamiento de carrera de 1.000 metros, programa C*

**Importante**: se debe realizar el test de todas las pruebas físicas antes de comenzar el siguiente programa. Puede que el nivel del opositor haya cambiado.

# CAPÍTULO 20

## Periodo competitivo general: programa D

# 1. Introducción

Se debe realizar durante el tiempo indicado en el "Capítulo 17".

# 2. Entrenamiento de carrera de 50 metros

En este tipo de entrenamiento las consideraciones a tener en cuenta son:

– Intensidad:

  * **Baja**, que no cueste apenas esfuerzo. 60 % de la FCM.

  * **Media**, que permita hablar sin esfuerzo. 70 % de la FCM.

  * **Alta**, que se entrecorten las palabras a la hora de hablar. 80 % de la FCM.

  * **Muy alta**, que sea casi imposible hablar. 90 % de la FCM.

  Ejemplo: persona de 30 años. FCM = 220 - edad = 190 de pulsaciones máximas teóricas por minuto. El 70 % de 190 es 133 pulsaciones/minuto.

  Las denominadas progresiones consisten en una carrera de distancia corta en la que la velocidad se va aumentando progresivamente desde el comienzo hasta el final de dicho espacio a recorrer. Es decir, se comienza corriendo a un ritmo bajo y se va aumentando hasta la intensidad solicitada.

  A diferencia de la progresión, el sprint se realiza a gran velocidad ya desde el principio.

– Recuperación entre progresiones y ejercicios de técnica de carrera: el tiempo que cueste volver caminando al punto de partida.

– Recuperación entre sprints: 2 minutos.

– Estiramientos: al acabar se deben estirar las piernas manteniendo la posición sin hacer rebotes durante 30-40 segundos.

| ENTRENAMIENTO | |
| --- | --- |
| **Nivel muy bajo** | 10 minutos caminando, intensidad alta<br>Técnica de carrera: talones atrás. 3 series de 15 metros<br>3 sprints de 30 metros acabando con una intensidad media<br>10 minutos caminando, intensidad media |

| ENTRENAMIENTO | |
|---|---|
| **Nivel bajo** | 15 minutos caminando, intensidad media<br>Técnica de carrera: talones atrás. 3 series de 15 metros<br>3 sprints de 30 metros acabando con una intensidad media<br>15 minutos caminando, intensidad media |
| **Nivel medio** | 10 minutos carrera, intensidad media<br>Técnica de carrera: talones atrás. 4 series de 15 metros<br>4 sprints de 30 metros con una intensidad media<br>10 minutos caminando, intensidad media |
| **Nivel alto** | 15 minutos carrera, intensidad media<br>Técnica de carrera: talones atrás. 5 series de 20 metros<br>4 sprints de 40 metros con una intensidad alta<br>15 minutos caminando, intensidad media |
| **Nivel muy alto** | 15 minutos carrera, intensidad media<br>Técnica de carrera: talones atrás. 5 series de 20 metros<br>4 sprints de 40 metros con una intensidad alta<br>15 minutos caminando, intensidad media |

*Entrenamiento de carrera de 50 metros, programa D*

 Vídeos recomendados

- **Carrera talones atrás**:
  https://youtu.be/dTscAQ-ONW8

159.CARRERA - Talones atrás

- **Carrera salida sprint**:
  https://youtu.be/M3cjURMmnF4

# 3. Entrenamiento de potencia de tren superior

## 3.1. Dominadas

En este entrenamiento, las consideraciones a tener en cuenta son:

- **Repeticiones**: 8 de cada uno de los ejercicios, excepto en abdominales y lumbares que hay que hacer 15. Las series de dominadas del entrenamiento 1 son al fallo muscular (hay que llegar como mínimo a 6). Si el opositor no llega a este número de repeticiones en dominadas, deberá utilizar la máquina asistida o una goma que le reste peso corporal. En el caso de que llegue muy cómodo a estas repeticiones, deberá poner lastre en su cintura. Por ejemplo, un cinturón con un disco con los kilogramos que pueda levantar ese número de veces. En el entrenamiento 3 hay que hacer 8 dominadas, también con la consideración de ayuda o lastre.

- **En circuito**: las vueltas dependerán del nivel obtenido en las pruebas. Ejemplo: 8 repeticiones del ejercicio 1, 8 del ejercicio 2 y 8 del ejercicio 3. Luego se pasa al siguiente grupo de ejercicios 1 y 2. Hay que hacer el número de vueltas correspondiente al nivel obtenido en las pruebas.

- **Series**: dependerá del número de vueltas realizadas del circuito.

- **Intensidad**: alta, que cueste mucho llegar a la última repetición.

- **Recuperación**: entre ejercicios, es lo que lleve desplazarse de uno a otro. Entre vueltas, es de 1 min 15 segundos.

- **Velocidad:** lenta.

| ENTRENAMIENTO 1 | ENTRENAMIENTO 2 | ENTRENAMIENTO 3 |
|---|---|---|
| 1. Dominadas al máximo | 1. Jalón al pecho, agarre anchura hombros | 1. Dominadas |
| 2. Giro codo a rodilla contraria | 2. Giro codo a rodilla contraria | 2. Giro codo a rodilla contraria |
| 3. Elevación de pelvis para lumbares | 3. Elevación de pelvis para lumbares | 3. Elevación de pelvis para lumbares |
| 1. Jalón al pecho agarre ancho | 1. Bíceps con barra en polea baja | 1. Jalón al pecho agarre ancho |

.../...

| 2. Curl con mancuernas, martillo alterno | 2. Elevaciones de pelvis para abdominal con piernas estiradas | 2. Curl con mancuernas, martillo alterno |
|---|---|---|
| 3. Elevaciones de pelvis para abdominal con piernas estiradas | 3. Elevación de pelvis para lumbares | 3. Elevaciones de pelvis para abdominal con piernas estiradas |

*Entrenamiento de tren superior para dominadas, programa D*

 Videos recomendados

- **Flexiones normales**:
  http://youtu.be/o1uEOySgqeI

- **Flexiones con rodillas apoyadas**:
  http://youtu.be/cay0sCjaY2s

- **Flexiones con manos apoyadas en pared**:
  http://youtu.be/yEshJMmWsiI

- **Giro a codo a rodilla contraria:**
  http://youtu.be/yGxD-bSB3nU

- **Jalón al pecho, agarre anchura hombros:**
  http://youtu.be/aS_wbIxxBaE

- **Dominadas:**
  http://youtu.be/POiA-X_sSNI

- **Jalón al pecho agarre inverso**:
  http://youtu.be/-HeRottnWYI

- **Curl con mancuernas, martillo alterno:**
  http://youtu.be/4KGBP7OdyRI

- **Elevación de pelvis para abdominales**:
  http://youtu.be/MtQQgPfX_LI

- **Curl con barra en polea baja**:
  http://youtu.be/PSrsVuKcxCM

- **Elevación de pelvis para lumbar y glúteo**:
  http://youtu.be/oy06osLVils

*Curl barra en polea baja*

# 3.2. Lanzamiento de balón medicinal

En este entrenamiento, las consideraciones a tener en cuenta son:

– **Repeticiones**: 8 de cada uno de los ejercicios, excepto en abdominales y lumbares que hay que hacer 15.

– **En circuito**: las vueltas dependerán del nivel obtenido en las pruebas. Ejemplo: 8 repeticiones del ejercicio 1, 8 del ejercicio 2 y 8 del ejercicio 3. Luego se pasa al siguiente grupo de ejercicios 1 y 2. Hay que hacer el número de vueltas correspondiente al nivel obtenido en las pruebas.

– **Series**: dependerá del número de vueltas realizadas del circuito.

– **Intensidad**: alta, que cueste mucho llegar a la última repetición.

– **Recuperación**: entre ejercicios, es lo que lleve desplazarse de uno a otro. Entre vueltas, es de 1 min 15 segundos.

– **Velocidad:** lenta.

| ENTRENAMIENTO 1 | ENTRENAMIENTO 2 | ENTRENAMIENTO 3 |
|---|---|---|
| 1. Lanzamiento de balón de 3 kg | 1. Press hombro con mancuernas | 1. Lanzamiento de balón de 4 kg |
| 2. Giro codo a rodilla contraria | 2. Giro codo a rodilla contraria | 2. Giro codo a rodilla contraria |
| 3. Elevación de pelvis para lumbares | 3. Elevación de pelvis para lumbares | 3. Elevación de pelvis para lumbares |
| 1. Pullover con mancuerna | 1. Pullover con barra | 1. Pullover con mancuerna |
| 2. Extensión con mancuerna tras nuca con dos manos | 2. Elevaciones frontales con mancuernas | 2. Extensión con mancuerna tras nuca con dos manos |
| 3. Elevaciones de pelvis para abdominal con piernas estiradas | 3. Elevación de pelvis para lumbares | 3. Elevaciones de pelvis para abdominal con piernas estiradas |

*Entrenamiento de tren superior para lanzamiento de balón, programa D*

 Videos recomendados

- **Flexiones normales**:
  http://youtu.be/o1uEOySgqeI

- **Flexiones con rodillas apoyadas**:
  http://youtu.be/cay0sCjaY2s

- **Flexiones con manos apoyadas en pared**:
  http://youtu.be/yEshJMmWsiI

- **Encogimientos mano a mismo pie**:
  http://youtu.be/9PWHPGqgIcE

- **Pullover con mancuerna:**
  http://youtu.be/P_yg2RwooIk

- **Lanzamiento de balón medicinal:**
  https://youtu.be/MO12G9IXTIY

- **Elevaciones frontales alternas con mancuernas:**
  http://youtu.be/V0TsIsUn4ao

- **Press con mancuernas**
  http://youtu.be/etBfeWIG3UI

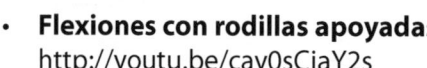

- **Pullover con barra**:
  http://youtu.be/7grF6ei5NK8

- **Elevación de pelvis para abdominales**:
  http://youtu.be/MtQQgPfX_LI

- **Extensión con mancuerna tras nuca con dos manos**:
  http://youtu.be/HMltAlGaxMY

- **Elevación de pelvis para lumbar y glúteo**:
  http://youtu.be/oy06osLVils

*Extensión con mancuerna tras nuca con dos manos*

# 4. Entrenamiento de flexibilidad profunda

Para mejora de la flexibilidad se realizarán estiramientos una vez finalizados los entrenamientos de musculación y de carrera.

Las posiciones de cada estiramiento serán mantenidas durante 1 minuto, sin realizar rebotes. No deben suponer dolor sino tensión muscular.

Estos estiramientos son específicos para la mejora de esta prueba física. El resto de estiramientos servirán para relajar los músculos trabajados con los demás ejercicios.

---

 Videos recomendados

**Test de flexibilidad profunda:**

- **Femoral:**
  http://youtu.be/TPTFDcBfb-I

- **Aductor:**
  http://youtu.be/BluyC7WQj2g

- **Gemelo:**
  http://youtu.be/qLciWStcqml

- **Lumbar:**
  http://youtu.be/kh6sJsHOpfY

---

# 5. Entrenamiento de salto vertical

En este tipo de entrenamiento las consideraciones a tener en cuenta son:

- **Repeticiones**: 10 de cada uno de los ejercicios.

- **En circuito**: las vueltas dependerán del nivel obtenido en las pruebas. Ejemplo: 10 repeticiones del ejercicio 1, 10 del ejercicio 2... así hasta el último y se vuelve a empezar, haciendo el número de vueltas correspondiente al nivel obtenido en las pruebas.

- **Series**: dependerá del número de vueltas en que se realice el circuito.

- **Intensidad**: media, que no cueste llegar a la última repetición.

- **Recuperación**: entre ejercicios, es lo que lleve desplazarse de uno a otro. Entre vueltas, es de 1 minuto.

- **Velocidad**: moderada, ni rápida ni lenta.

| ENTRENAMIENTO 1 | ENTRENAMIENTO 2 | ENTRENAMIENTO 3 |
|---|---|---|
| 1. Saltos pliométricos a cajón alto | 1. Salto vertical | 1. Saltos pliométricos a cajón alto |
| 2. Elevación de de tronco en banco | 2. Elevación de de tronco en banco | 2. Elevación de de tronco en banco |
| 3. Sentadilla en máquina | 3. Sentadilla con mancuernas | 3. Sentadilla en máquina |

*Entrenamiento de salto vertical, programa D*

 Videos recomendados

- **Salto vertical**:
  https://youtu.be/0RCw2Avf_qo

- **Sentadilla en máquina:**
  http://youtu.be/k8GXXUWjXDg

- **Elevación de tronco en banco:**
  http://youtu.be/9HDCJEWka0Y

- **Saltos pliométricos a cajón alto:**
  https://www.youtube.com/watch?v=hjyw0R1WiPk

# 6. Entrenamiento de carrera de 1.000 metros

Las consideraciones a tener en cuenta son:

- **Intensidad**:

  * Baja, que no cueste apenas esfuerzo. 60 % de la FCM.

  * Media, que permita hablar sin esfuerzo. 70 % de la FCM.

  * Alta, que se entrecorten las palabras a la hora de hablar. 80 % de la FCM.

  * Muy alta, que sea casi imposible hablar. 90 % de la FCM.

  Ejemplo: persona de 30 años. FCM = 220 - edad = 190 de pulsaciones máximas teóricas por minuto. El 70 % de 190 es 133 pulsaciones/minuto.

- **Estiramientos**: al acabar, se deben estirar las piernas manteniendo la posición sin hacer rebotes durante 30-40 segundos.

|  | ENTRENAMIENTO 1 | ENTRENAMIENTO 2 | ENTRENAMIENTO 3 |
|---|---|---|---|
| **Nivel muy bajo** | 20 min carrera continua, intensidad alta | 20 min carrera continua, intensidad alta | 20 min carrera continua, intensidad alta |
| **Nivel bajo** | 5 min medio<br>15 min cambios ritmo: 2 medio-1 alto<br>5 min medio | 20 min progresivos: 5 medio, 5 alto, 5 muy alto, 5 medio | 25 min carrera continua, intensidad alta |
| **Nivel medio** | 10 min medio<br>2 x 400 metros muy alto. Descanso: con 3 min entre series<br>10 min medio | 5 min medio<br>15 min cambios ritmo: 1 medio-1 alto<br>5 min medio | 30 min progresivos: 5 medio, 10 alto, 10 muy alto, 5 medio<br>4 progresiones de 50 m acabando a ritmo alto |
| **Nivel alto** | 10 min medio<br>3 x 400 metros muy alto. Descanso: con 3 min entre series<br>10 min medio | 5 min medio<br>20 min cambios ritmo: 1 medio-1 muy alto<br>5 min medio | 35 min progresivos: 5 medio, 15 alto, 10 muy alto, 5 medio<br>4 progresiones de 50 m acabando a ritmo alto |
| **Nivel muy alto** | 10 min medio<br>4 x 400 metros muy alto. Descanso: con 3 min entre series<br>10 min medio | 5 min medio<br>25 min cambios ritmo: 1 medio- 1muy alto<br>5 min medio | 40 min progresivos: 10 medio, 15 alto, 10 muy alto, 5 medio<br>4 progresiones de 50 m acabando a ritmo alto |

*Entrenamiento de carrera de 1.000 metros, programa D*

*Progresión en pista de atletismo*

**Importante**: se debe realizar el test de todas las pruebas físicas antes de comenzar el siguiente programa. Puede que el nivel del opositor haya cambiado.

# CAPÍTULO 21

## Periodo competitivo específico: programa E

# 1. Introducción

Se debe realizar durante el tiempo indicado en el Capítulo 17.

# 2. Entrenamiento de carrera de 50 metros

En este tipo de entrenamiento las consideraciones a tener en cuenta son:

– Intensidad:

* **Baja**, que no cueste apenas esfuerzo. 60 % de la FCM.

* **Media**, que permita hablar sin esfuerzo. 70 % de la FCM.

* **Alta**, que se entrecorten las palabras a la hora de hablar. 80 % de la FCM.

* **Muy alta**, que sea casi imposible hablar. 90 % de la FCM.

Ejemplo: persona de 30 años. FCM = 220 - edad = 190 de pulsaciones máximas teóricas por minuto. El 70 % de 190 es 133 pulsaciones/minuto.

Las denominadas progresiones consisten en una carrera de distancia corta en la que la velocidad se va aumentando progresivamente desde el comienzo hasta el final de dicho espacio a recorrer. Es decir, se comienza corriendo a un ritmo bajo y se va aumentando hasta la intensidad solicitada.

A diferencia de la progresión, el sprint se realiza a gran velocidad ya desde el principio.

– Recuperación entre progresiones y ejercicios de técnica de carrera: el tiempo que cueste volver caminando al punto de partida.

– Recuperación entre sprints: 2 minutos 30 segundos.

– Estiramientos: al acabar se deben estirar las piernas manteniendo la posición sin hacer rebotes durante 30-40 segundos.

| ENTRENAMIENTO | |
|---|---|
| **Nivel muy bajo** | 10 minutos caminando, intensidad alta<br>Técnica de carrera: paso largo 2 series de 15 metros y rodillas arriba 2 series de 15 metros<br>4 sprints de 40 metros acabando con una intensidad media<br>10 minutos caminando, intensidad media |

.../...

…/…

| | |
|---|---|
| **Nivel bajo** | 15 minutos caminando, intensidad media<br>Técnica de carrera: paso largo 2 series de 15 metros y rodillas arriba 2 series de 15 metros<br>4 sprints de 40 metros acabando con una intensidad media<br>15 minutos caminando, intensidad media |
| **Nivel medio** | 10 minutos carrera, intensidad media<br>Técnica de carrera: paso largo 3 series de 15 metros y rodillas arriba 3 series de 15 metros<br>4 sprints de 40 metros con una intensidad alta<br>10 minutos caminando, intensidad media |
| **Nivel alto** | 15 minutos carrera, intensidad media<br>Técnica de carrera: paso largo 4 series de 15 metros y rodillas arriba 4 series de 15 metros<br>6 sprints de 40 metros con una intensidad muy alta<br>15 minutos caminando, intensidad media |
| **Nivel muy alto** | 15 minutos carrera, intensidad media<br>Técnica de carrera: paso largo 4 series de 15 metros y rodillas arriba 4 series de 15 metros<br>6 sprints de 40 metros con una intensidad muy alta<br>15 minutos caminando, intensidad media |

*Entrenamiento de carrera de 50 metros, programa E*

 Vídeos recomendados

- **Carrera paso largo:**
  https://youtu.be/6s3K066ktQs

160.CARRERA - Paso largo

- **Carrera salida sprint:**
  https://youtu.be/M3cjURMmnF4

# 3. Entrenamiento de potencia de tren superior

## 3.1. Dominadas

En este entrenamiento, las consideraciones a tener en cuenta son:

- **Repeticiones**: 12 de cada uno de los ejercicios. Las series de dominadas del entrenamiento 1 son al fallo muscular (hay que llegar como mínimo a 12). Si el opositor no llega a este número de repeticiones en dominadas, deberá utilizar la máquina asistida o una goma que le reste peso corporal. En el caso de que llegue muy cómodo a estas repeticiones, deberá poner lastre en su cintura. Por ejemplo, un cinturón con un disco con los kilogramos que pueda levantar ese número de veces. En el entrenamiento 2 y 3 hay que hacer 6 dominadas, también con la consideración de ayuda o lastre.

- **En circuito**: las vueltas dependerán del nivel obtenido en las pruebas. Ejemplo: 12 repeticiones del ejercicio 1, 12 del ejercicio 2 y 12 del ejercicio 3. Luego se pasa al siguiente grupo de ejercicios 1, 2 y 3. Hay que hacer el número de vueltas correspondiente al nivel obtenido en las pruebas.

- **Series**: dependerá del número de vueltas en que se realice el circuito.

- **Intensidad**: alta, que cueste mucho llegar a la última repetición.

- **Recuperación**: entre ejercicios, es lo que lleve desplazarse de uno a otro. Entre vueltas, es de 1 minuto.

- **Velocidad**: rápida.

| ENTRENAMIENTO 1 | ENTRENAMIENTO 2 | ENTRENAMIENTO 3 |
|---|---|---|
| 1. Dominadas al máximo | 1. Dominadas | 1. Dominadas |
| 2. Abdominales flexión de cadera colgado en barra | 2. Abdominales flexión de cadera colgado en barra | 2. Abdominales flexión de cadera colgado en barra |
| 3. Lumbares en banco | 3. Lumbares en banco | 3. Lumbares en banco |
| 1. Jalón al pecho, agarre anchura hombros | 1. Jalón al pecho, agarre anchura hombros | 1. Jalón al pecho, agarre anchura hombros |

.../...

.../...

| | | |
|---|---|---|
| 2. Encogimientos abdominales tumbado lateral: tronco y una pierna | 2. Encogimientos abdominales tumbado lateral: tronco y una pierna | 2. Encogimientos abdominales tumbado lateral: tronco y una pierna |
| 3. Bíceps con barra recta, agarre inverso | 3. Bíceps con barra recta, agarre inverso | 3. Bíceps con barra recta, agarre inverso |

*Entrenamiento de tren superior para dominadas, programa E*

 Videos recomendados

- **Dominadas:**
  http://youtu.be/POiA-X_sSNI

- **Jalón al pecho, agarre anchura hombros:**
  http://youtu.be/aS_wblxxBaE

- **Curl con barra recta, agarre inverso:**
  http://youtu.be/B0JjZAZ7Brw

- **Elevación de tronco en banco**:
  http://youtu.be/9HDCJEWka0Y

- **Encogimientos laterales tronco y pierna**:
  http://youtu.be/8qTSflautxl

- **Abdominales flexionando cadera con agarre de manos en barra vertical:**
  https://www.youtube.com/watch?v=IgzblCWWUXk

*Encogimientos laterales: tronco y una pierna*

# 3.2. Lanzamiento de balón medicinal

En este entrenamiento, las consideraciones a tener en cuenta son:

– **Repeticiones**: 12 de cada uno de los ejercicios, excepto en abdominales y lumbares que hay que hacer 15.

– **En circuito**: las vueltas dependerán del nivel obtenido en las pruebas. Ejemplo: 12 repeticiones del ejercicio 1, 12 del ejercicio 2 y 12 del ejercicio 3. Luego se pasa al siguiente grupo de ejercicios 1 y 2. Hay que hacer el número de vueltas correspondiente al nivel obtenido en las pruebas.

– **Series**: dependerá del número de vueltas realizadas del circuito.

– **Intensidad**: alta, que cueste mucho llegar a la última repetición.

– **Recuperación**: entre ejercicios, es lo que lleve desplazarse de uno a otro. Entre vueltas, es de 1 min 15 segundos.

– **Velocidad:** lenta.

| ENTRENAMIENTO 1 | ENTRENAMIENTO 2 | ENTRENAMIENTO 3 |
|---|---|---|
| 1. Lanzamiento de balón de 3 kg | 1. Lanzamiento de balón de 4 kg | 1. Lanzamiento de balón de 4 kg |
| 2. Abdominales flexión de cadera colgado en barra | 2. Abdominales flexión de cadera colgado en barra | 2. Abdominales flexión de cadera colgado en barra |
| 3. Lumbares en banco | 3. Lumbares en banco | 3. Lumbares en banco |
| 1. Pullover con mancuerna | 1. Pullover con barra | 1. Pullover con mancuerna |
| 2. Flexiones tríceps en apoyo alto | 2. Elevaciones frontales con mancuernas | 2. Flexiones tríceps en apoyo alto |
| 2. Encogimientos abdominales tumbado lateral: tronco y una pierna | 2. Encogimientos abdominales tumbado lateral: tronco y una pierna | 2. Encogimientos abdominales tumbado lateral: tronco y una pierna |

*Entrenamiento de tren superior para lanzamiento de balón, programa E*

### ▶ Videos recomendados

- **Lanzamiento de balón medicinal:**
  https://youtu.be/MO12G9IXTIY

- **Abdominales flexionando cadera con agarre de manos en barra vertical:**
  https://www.youtube.com/watch?v=IgzblCWWUXk

- **Pullover con mancuerna:**
  http://youtu.be/P_yg2Rwoolk

- **Elevaciones frontales alternas con mancuernas:**
  http://youtu.be/V0TsIsUn4ao

- **Pullover con barra:**
  http://youtu.be/7grF6ei5NK8

- **Flexiones de tríceps en apoyo alto:**
  http://youtu.be/rX1dWUwAnZo

- **Elevación de tronco en banco:**
  http://youtu.be/9HDCJEWka0Y

*Abdominales flexionando cadera con agarre de manos en barra*

# 4. Entrenamiento de flexibilidad profunda

Para mejora de la flexibilidad se realizarán estiramientos una vez finalizados los entrenamientos de musculación y de carrera.

Las posiciones de cada estiramiento serán mantenidas durante 1 minuto, sin realizar rebotes. No deben suponer dolor sino tensión muscular.

Estos estiramientos son específicos para la mejora de esta prueba física. El resto de estiramientos servirán para relajar los músculos trabajados con los demás ejercicios.

---

 Videos recomendados

- **Test de flexibilidad profunda:**
  https://youtu.be/REt3QYxilmk

- **Femoral:**
  http://youtu.be/TPTFDcBfb-I

- **Aductor:**
  http://youtu.be/BluyC7WQj2g

- **Gemelo:**
  http://youtu.be/qLciWStcqml

- **Lumbar:**
  http://youtu.be/kh6sJsHOpfY

---

# 5. Entrenamiento de salto vertical

En este tipo de entrenamiento las consideraciones a tener en cuenta son:

– **Repeticiones**: 12 de cada uno de los ejercicios.

– **En circuito**: las vueltas dependerán del nivel obtenido en las pruebas. Ejemplo: 12 repeticiones del ejercicio 1, 12 del ejercicio 2... así hasta el último y se vuelve a empezar, haciendo el número de vueltas correspondiente al nivel obtenido en las pruebas.

– **Series**: dependerá del número de vueltas en que se realice el circuito.

– **Intensidad**: media, que no cueste llegar a la última repetición.

– **Recuperación**: entre ejercicios, es lo que lleve desplazarse de uno a otro. Entre vueltas, es de 1 minuto.

– **Velocidad**: moderada, ni rápida ni lenta.

| ENTRENAMIENTO 1 | ENTRENAMIENTO 2 | ENTRENAMIENTO 3 |
|---|---|---|
| 1. Saltos pliométricos desde cajón bajo | 1. Saltos pliométricos a cajón alto | 1. Saltos pliométricos desde cajón bajo |
| 2. Elevación de de tronco en banco | 2. Elevación de de tronco en banco | 2. Elevación de de tronco en banco |
| 3. Salto vertical | 3. Salto vertical | 3. Salto vertical |

*Entrenamiento de salto vertical, programa E*

 Videos recomendados

- **Salto vertical:**
  https://youtu.be/0RCw2Avf_qo

- **Saltos pliométricos desde cajón bajo:**
  https://www.youtube.com/watch?v=tXEEPSz0vNQ

- **Sentadilla en máquina:**
  http://youtu.be/k8GXXUWjXDg

- **Elevación de tronco en banco**:
  http://youtu.be/9HDCJEWka0Y

- **Saltos pliométricos a cajón alto:**
  https://www.youtube.com/watch?v=hjyw0R1WiPk

*Opositor haciendo la marca inicial antes de realizar el salto vertical*

# 6. Entrenamiento de carrera de 1.000 metros

– **Intensidad:**

* **Baja**, que no cueste apenas esfuerzo. 60 % de la FCM.

* **Media**, que permita hablar sin esfuerzo. 70 % de la FCM.

* **Alta**, que se entrecorten las palabras a la hora de hablar. 80 % de la FCM.

* **Muy alta**, que sea casi imposible hablar. 90 % de la FCM.

Ejemplo: persona de 30 años. FCM = 220 - edad = 190 de pulsaciones máximas teóricas por minuto. El 70 % de 190 es 133 pulsaciones/minuto.

– **Estiramientos**: al acabar se debe estirar las piernas manteniendo la posición sin hacer rebotes durante 30-40 segundos.

|  | ENTRENAMIENTO 1 | ENTRENAMIENTO 2 | ENTRENAMIENTO 3 |
|---|---|---|---|
| **Nivel muy bajo** | 25 min carrera continua, intensidad alta | 20 min progresivos: 5 medio, 5 alto, 5 muy alto, 5 medio | 25 min carrera continua, intensidad alta |
| **Nivel bajo** | 10 min medio<br>2 x 400 metros alto. Descanso: con 2 min entre series<br>10 min medio | 10 min medio<br>15 min cambios ritmo: 1 medio-1 alto<br>5 min medio | 30 min progresivos: 10 medio, 10 alto, 5 muy alto, 5 medio |
| **Nivel medio** | 10 min medio<br>4 x 300 metros muy alto. Descanso: con 3 min entre series<br>10 min medio | 40 min progresivos: 10 medio, 10 alto, 15 muy alto, 5 medio<br>4 progresiones de 80 m acabando a ritmo alto | 10 min medio<br>3 x 500 metros muy alto. Descanso: con 2 min entre series<br>10 min medio |
| **Nivel alto** | 10 min medio<br>4 x 300 metros muy alto. Descanso: con 3 min entre series<br>10 min medio | 45 min progresivos: 10 medio, 15 alto, 15 muy alto, 5 medio<br>4 progresiones de 80 m acabando a ritmo alto | 10 min medio<br>4 x 500 metros muy alto. Descanso: con 2 min entre series<br>10 min medio |
| **Nivel muy alto** | 10 min medio<br>5 x 300 metros muy alto. Descanso: con 3 min entre series<br>10 min medio | 50 min progresivos: 10 medio, 15 alto, 20 muy alto, 5 medio<br>4 progresiones de 80 m acabando a ritmo alto | 10 min medio<br>5 x 500 metros muy alto. Descanso: con 2 min entre series<br>10 min medio |

*Entrenamiento de carrera de 1.000 metros, programa E*

**Importante**: se debe realizar el test de todas las pruebas físicas para saber el nivel final del opositor y conocer la marca actual antes de presentarse a las pruebas físicas oficiales.

# CAPÍTULO 22

## Consejos para los días previos a las pruebas

# 1. Introducción

Los días previos a las pruebas de aptitud física del examen oficial de acceso a la Policía Local, hay que tener en cuenta varios aspectos referentes al entrenamiento y a la alimentación. Es importante hacer una reducción del volumen y la intensidad de los entrenamientos. En cuando a la alimentación, se debe aumentar en la ingesta de hidratos de carbono con el fin de llegar al día de las pruebas físicas con los depósitos de glucógeno muscular y hepático bien llenos. De esta forma, el opositor estará descansado y con energía para realizar las cinco pruebas físicas.

# 2. Entrenamientos

Durante los 3 días previos a dicha prueba, cada opositor deberá modificar tanto su entrenamiento como su alimentación. El objetivo es llegar más descansado a las pruebas físicas y con toda la energía posible. Para ello, habrá una reducción del volumen y la intensidad de los entrenamientos.

|  | 3.er día previo | 2.º día previo | Día previo |
|---|---|---|---|
| **Carrera de 50 metros** | Entrenar con normalidad | 15 min Carrera continua 4 progresiones de 50 metros acabando a ritmo alto 15 min Carrera continua | 10 min Carrera continua 2 progresiones de 50 metros acabando a ritmo alto 10 min Carrera continua Especial dedicación a los estiramientos |
| **Dominadas / Lanzamiento de balón** | Entrenar con normalidad | Reducir 2 vueltas del circuito | No hacer musculación Especial dedicación a los estiramientos |
| **Flexibilidad** | Entrenar con normalidad | Entrenar con normalidad | Entrenar con normalidad |
| **Salto vertical** | Entrenar con normalidad | Reducir 2 vueltas del circuito | No hacer musculación ni saltos Especial dedicación a los estiramientos |
| **Carrera de 1.000 metros** | Entrenar con normalidad | 30 min Carrera continua | 15 min Carrera continua Especial dedicación a los estiramientos |

*Entrenamientos en los días previos a las pruebas físicas oficiales*

*Principales estiramientos de piernas*

*Principales estiramientos de tronco y brazo*

# 3. Alimentación

 **Sabías que...**

Durante el periodo de mediados del siglo XX, durante la Guerra Fría, la Unión Soviética tuvo en secreto estudios nutricionales y dietéticos con el objetivo de lograr la "supremacía en el deporte" de sus atletas, hecho que revelaban en los sucesivos Juegos Olímpicos de aquella época.

|          | 3er día previo | 2º día previo | Día previo |
|----------|----------------|---------------|------------|
| **Desayuno** | Alto en hidratos de carbono | Alto en hidratos de carbono | Alto en hidratos de carbono |
| **Almuerzo** | Más fruta y líquidos | Más fruta y líquidos | Más fruta y líquidos |
| **Comida** | Alta en hidratos de carbono | Alta en hidratos de carbono | Alta en hidratos de carbono |
| **Merienda** | Más fruta y líquidos | Más fruta y líquidos | Más fruta y líquidos |
| **Cena** | Alta en hidratos de carbono | Alta en hidratos de carbono | Alta en hidratos de carbono |

*Pautas alimenticias en los días previos a las pruebas físicas oficiales*

Durante los tres días previos es importante aumentar la ingesta de hidratos de carbono complejos (arroz, pasta, patata, pan...) con el fin de reponer el glucógeno muscular y hepático para realizar las pruebas con toda la energía acumulada posible.

### 🔖 Recuerda que...

El músculo y el hígado tienen almacenada energía en forma de glucógeno y eso será lo que prime a la hora de suministrar energía en el ejercicio físico.

*Principales fuentes de hidratos de carbono complejos*

Asimismo, también se recomienda beber gran cantidad de agua y bebidas isotónicas para tener bien hidratados los músculos y evitar calambres o un bajo rendimiento por deshidratación.

### 💬 Sabías que...

El músculo está formado por un 75 % de agua. Por esta razón es tan importante mantener el cuerpo hidratado. De esta forma, la musculatura no mermará su rendimiento.

Benardot incide en que *"Es importante beber abundante líquido que contenga carbohidratos durante el ejercicio. Es conveniente consumir al menos 400 calorías de carbohidratos inmediatamente después del entrenamiento. Este es el primer intento de que sus músculos reemplacen el glucógeno muscular que había perdido durante el ejercicio".*

Un **masaje de descarga muscular** es una buena opción para llegar fresco el día de las pruebas, pero deberá llevarse a cabo con tres días de anterioridad, como mínimo, para poder reactivar de nuevo los músculos.

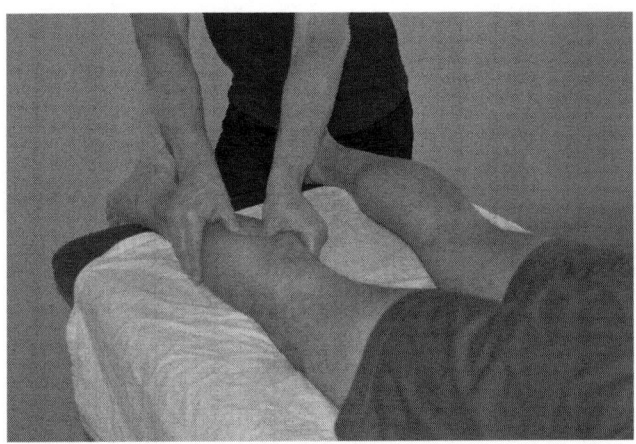

*Masaje antes de las pruebas físicas*

El mismo día de la prueba no se debe cambiar la rutina del desayuno. Se recomienda consumir lo de siempre. Ese día no es momento para experimentar. Si se quiere **probar algún alimento o suplemento nutricional nuevo**, se deberá hacer con anterioridad para ver los resultados obtenidos con ello.

Hay que tener en cuenta el tiempo que va a pasar desde el desayuno hasta la ejecución de las cinco pruebas físicas. Los aspirantes suelen ser citados a primera hora de la mañana. Habrá opositores que tardarán en ser examinados. Por lo tanto, se deberá llevar algún alimento encima, como puede ser una barrita energética.

# CAPÍTULO 23

# Trucos para el día del examen oficial

# 1. Introducción

Como se ha dicho anteriormente, en el capítulo 15, el orden de las pruebas físicas puede ser, según aparece en las bases de la convocatoria (flexiones, carrera de 50 metros, carrera de 1.000 metros y natación).

No obstante, a veces se sigue el siguiente orden: flexiones, carrera de 1.000 metros, carrera de 50 metros y natación. Esta sucesión de pruebas es más recomendable ya que se realiza el sprint una vez terminada la carrera larga. De esta forma, los músculos están activos y se minimiza el riesgo de lesión.

> ⚡ **Recuerda que...**
>
> La prueba de 50 metros corriendo tiene una gran exigencia a nivel muscular y es importante haber hecho un calentamiento previo para evitar posibles lesiones, como tirones, roturas de fibras, esguinces, etc.

▶ **Vídeos recomendados**

- **Carrera rodillas arriba**:
  https://youtu.be/UFaOSRA7Rsg

- **Carrera talones atrás**:
  https://youtu.be/dTscAQ-ONW8

- **Carrera salida sprint**:
  https://youtu.be/M3cjURMmnF4

# 2. Flexiones

La prueba de fuerza extensora de brazos se realiza en grupos de tres opositores, estando un examinador con cada uno. Suele haber unas marcas en el suelo para colocar las manos y una almohadilla para apoyar la barbilla en la fase de bajada que puede medir hasta 6 centímetros. No obstante, esto no es una norma general y en alguna convocatoria no se contaba con ello. Así pues, las flexiones deben entrenarse en todo momento bajando bien y tocando con el mentón en el suelo.

La posición de partida es tumbado en el suelo, con todo el cuerpo apoyado. Las palmas de las manos deben estar en contacto con el suelo con el fin de comenzar la ascensión por medio de una extensión del tríceps y la contracción del pectoral. La primera flexión se cuenta desde la posición de extensión de brazos, una vez que se baja y se vuelve a subir.

Para que el examinador dé por válidas todas las repeticiones es necesario que sean realizadas en todo su recorrido, bajando y subiendo por completo.

No es necesario bloquear la articulación de codo en la fase de ascenso. Es suficiente con marcar la extensión del brazo y volver a bajar flexionándolo.

*Examen de flexiones*

# 3. Carrera de 50 metros

La prueba de velocidad se realiza en grupos de 5-6 personas en una pista de atletismo en la que el suelo es de cemento. Es importante haber hecho un calentamiento previo para evitar lesiones (sobre todo, si no se ha realizado antes la prueba de 1.000 metros). Se deben aumentar las pulsaciones en el calentamiento con el fin de conseguir una activación justo antes del sprint.

La salida de esta prueba se realiza en el comienzo de una recta. Cada aspirante se sitúa en su respectiva calle y no debe invadir la de ningún otro participante. Se recomienda estar en una posición alerta, de forma agrupada, con una pierna adelantada y otra atrasada.

El comienzo de la prueba se avisa por medio de una pistola electrónica que hace un sonido.

El final de los 50 metros se determinará por medio de foto finish, en cuanto el pecho de cada aspirante sobrepase la meta.

# 4. Carrera de 1.000 metros

Para la realización de esta prueba se forman grupos de 8-10 aspirantes que tendrán que realizar dos vueltas y media a una pista de atletismo de cemento.

En esta prueba será de vital importancia controlar la respiración y, con ello, las pulsaciones cardíacas. El aire se debe inspirar por la nariz (oxígeno) y espirar por la boca (dióxido de carbono). Las **respiraciones** deberán ser **profundas y controladas**. Esto evitará la aparición de flatos.

Para una buena **estrategia del ritmo de carrera**, se aconseja realizar la prueba con un reloj cronómetro. Así se podrá controlar la velocidad con la que se desarrolla esta prueba. Hay aspirantes a los que le va bien comenzar de menos a más y, por el contrario, otros prefieren empezar a ritmo elevado y aguantar como bien puedan. Al llevar el **cronómetro en la muñeca**, se asegura uno que va a un ritmo dentro de sus posibilidades. Todos saben el tiempo que suelen tardar en recorrer la distancia del kilómetro. La estrategia de carrera consiste en llevar previsto el tiempo al que se debe pasar por los 200, 400, 600 y 800 metros.

### ⚡ Recuerda que...

La carrera de 1.000 metros se realiza en un recorrido de 400 metros. Por tanto, para cubrir la distancia, se deben realizar dos vueltas y media.

El comienzo de la prueba se avisa por medio de una pistola electrónica que hace un sonido.

El final de los 50 metros se determinará por medio de foto finish, en cuanto el pecho de cada aspirante sobrepase la meta.

Para su realización, está permitido el uso de un **reproductor de música**. Es por ello que llevar una o dos canciones motivantes puede producir un buen resultado.

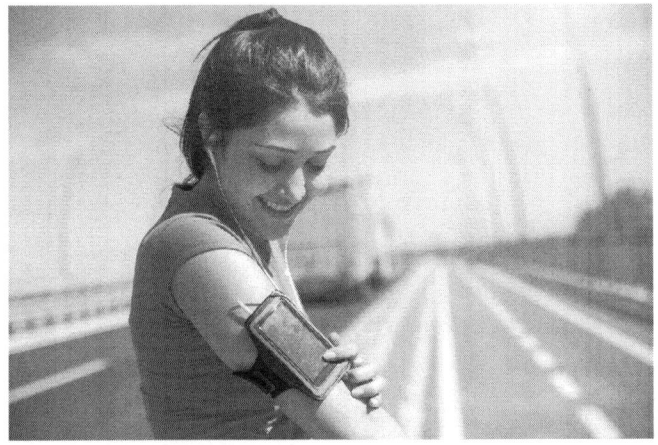

💬 Sabías que...

Hay estudios que corroboran que la música ayuda a inhibir la sensación de fatiga durante el ejercicio aeróbico.

Esta es una prueba en la que se suelen producir tiempos récord respecto a los test realizados, ya que en el mismo día de los exámenes hay un factor de motivación alto y una descarga de adrenalina.

*Examen de carrera*

# 5. Natación

Esta prueba se suele realizar en una piscina de 25 metros. Por consiguiente, se debe realizar un largo de ida y otro de vuelta.

Los opositores son llamados en grupos de 6-8 personas. Cada uno se colocará en una calle.

La salida se realiza desde el borde de la piscina. La entrada al agua se recomienda que sea en forma de salto de cabeza para ganar tiempo y economizar energía. Hay que lanzarse a lo largo, pero con cuidado de no darse un planchazo. Los saltos en picado hacen que el aspirante se dirija hacia el fondo, produciéndose con ello una pérdida de tiempo.

Después de nadar los 25 metros se debe tocar la pared y cambiar de sentido para volver al punto de partida.

El cronómetro se para una vez que cada nadador toca un pulsador que hay en la pared de llegada.

⚡ Recuerda que...

El estilo de natación más rápido es el crol y con él se debe sacar la cabeza lateralmente para realizar las respiraciones necesarias.

*Nadador en el borde de la piscina*

# BIBLIOGRAFÍA

- Abellán. J., Sainz. P., Ortín. E.J.: *Guía para la preinscripción de ejercicio físico*. SEH - LELH

- Benardot, D.: *Nutrición para deportistas de alto nivel*. Editorial Hispano Europea. Barcelona, 2001.

- Calais-Germain, B.: *Anatomía para el movimiento*. Editorial La Liebre de Marzo. Barcelona, 2002.

- Grosser, M., Startischka, S., & Zimmermann, E.: *Principios del entrenamiento deportivo*. Editorial Martínez Roca, Barcelona, 1988.

- Matvéiev, L.: *El proceso del entrenamiento deportivo*. Editorial Stadium, Argentina.

- McAtee, R.E. y Charland, J.: *Estiramientos facilitados*. Editorial Paidotribo. Barcelona, 2000.

- Pancorbo, S.A.: *Medicina del Deporte*. Editorial: EDUCS. Brasil, 2002.

- Thibadeau, C.: *El libro negro de los secretos del entrenamiento*. Editorial F. Lepine.